U0335876

卓越销售

从销售小白到销售总裁的
职业晋升指南

刘华 著

机械工业出版社
CHINA MACHINE PRESS

从销售小白成长为销售总裁需要经历五个发展阶段：从销售小白到销售冠军，再转型为销售管理者（销售经理），然后转变为高级销售管理者（销售总监）、大区总经理，直至成为销售总裁。每一个销售岗位的转换都是一个重大转折。本书旨在帮助销售人员了解每一个成长阶段所需要的工作理念、工作技能、时间管理方法等，熟悉每个岗位的特点，并找到事半功倍的工作方法。如果销售人员能很好地掌握本书的内容，就能很好地适应领导力发展要求，顺利实现身份转换，从而取得职业生涯的持续晋升。

图书在版编目（CIP）数据

卓越销售：从销售小白到销售总裁的职业晋升指南 / 刘华著. — 北京：机械工业出版社，2023.12（2024.2重印）
ISBN 978-7-111-74495-5

Ⅰ.①卓… Ⅱ.①刘… Ⅲ.①销售–通俗读物 Ⅳ.①F713.3-49

中国国家版本馆CIP数据核字（2023）第244313号

机械工业出版社（北京市百万庄大街22号　邮政编码100037）
策划编辑：曹雅君　　　　责任编辑：曹雅君　单元花
责任校对：王乐廷　牟丽英　责任印制：张　博
北京联兴盛业印刷股份有限公司印刷
2024年2月第1版第2次印刷
148mm×210mm·11.25印张·3插页·220千字
标准书号：ISBN 978-7-111-74495-5
定价：88.00元

电话服务　　　　　　　　　网络服务
客服电话：010-88361066　　机　工　官　网：www.cmpbook.com
　　　　　010-88379833　　机　工　官　博：weibo.com/cmp1952
　　　　　010-68326294　　金　书　网：www.golden-book.com
封底无防伪标均为盗版　机工教育服务网：www.cmpedu.com

本书赞誉

SALES
EXCELLENCE
A Guide to Career
Advancement from Sales
Novice to Sales President

有志于从事销售工作的人一定对生活和未来有更高的追求，不然没有足够的勇气来支撑屡败屡战背后的梦想。刘华的追求似乎不尽如此，他在健康管理销售领域的百战百胜已经成为行业的一个现象，但是他在过去的 10 年里，仍然在北大和清华迎接一个又一个挑战，湖南人的霸蛮和倔强在他的身上体现得淋漓尽致。

千秋邈矣独留我，百战归来再读书。这些年刘华读了很多书，终于看到他能把自己百战的经验和心得著成书，让更多有志于销售工作的年轻人获益于他的成功和失败，这些带来的成就感肯定不是简单的销售数字可以相提并论的。

《卓越销售》这本书是刘华完成的从立德立功到立言的更高追求，希望有更多的年轻人能从中获益，能在销售这样一个富有挑战和不确定性的工作中找到更多的价值。

——诺辉健康董事长兼 CEO　朱叶青

　　刘华先生以独特的视角和深入浅出的语言，将他自己在销售领域多年的经验写成了《卓越销售》这本书。

　　很有幸的是，我人生中的第一个岗位也是销售。我在美团做销售实习生期间不仅积累了很多关键的销售技巧和策略，更重要的是这个岗位让我意识到了成功销售的真正核心是站在客户的角度思考如何实现双赢。销售岗位让我悟到了企业要持续地为客户创造价值，通过利他从而利己的商业本质。

　　刘华先生基于他的销售管理职业生涯的积累，让我们看到了一个销售人员只要基于科学的工作方法结合足够的努力，就有很大概率在销售领域取得卓越的成果。如果你是一位销售人员，我强烈推荐你阅读这本书，它将成为你职业生涯中不可或缺的指南和灵感来源。《卓越销售》是一本不可多得的销售职业发展指南。刘华先生以他多年的实践经验和深入思考，探讨了销售人员从小白到总裁的成长之路。这本书不仅涵盖了销售工作的各个方面，还借鉴了管理学大师彼得·德鲁克的观点，强调了营销在企业成功中的关键地位。通过读《卓越销售》，你将不断获得有关目标客户选择、信任建立、快速交易等关键销售技巧的指导。无论你是一个刚入行的新人，还是一位资深的销售经理，这本书都将为你提供宝贵的学习资源和实践经验。

　　我相信读完这本书，你将对自己的销售能力有全新的认知，并能在销售领域中迈上更高的台阶。

——水滴科技创始人、董事长兼 CEO　沈鹏在咨询行业工作的十多年中，因缘巧合，见识过不少销售冠军、优秀的销售高管。这些销售高手身上的三个特质尤为突出：对销售工作无尽的热情和投入、对产品和方案的精专能力、良好的自我管理和团队管理能力。

本书提供了一条清晰的从销售小白到销售高手的进阶路径。书中提及的"成人达己"的理念、每一级销售岗位的核心工作理念，是销售人员不断成长的指南针；书中为每一级销售岗位定制了工作技能、时间管理方法等工具，是可以马上拿来就用的"红宝书"。

希望有志于从事销售职业的读者，汲取书中精华，千锤百炼而终成正果。

——德勤合伙人　吴俊

销售高手中有的人进攻很强，可以搞定订单，有的人管理很强，可以把团队组织得井井有条，有的人战略理解能力很强，可以快速地琢磨清楚不同的战略意图需要匹配怎样的销售策略和打法。但鲜有人在经营、管理和战略三个维度都做得非常好，而作者就是其中的一位佼佼者。作者在职业生涯中经历多个行业，在公司小中大不同阶段的销售管理都成绩斐然，这中间不只是幸运，还有方法论。我也很期待更多企业的销售团队能够受益于此。中国智造、中国产品正在走向世界舞台，与此同时，在方法论上我们也会有源自中国走向世界的经典智慧得以流传，期待本书流传世界。

——鹰瞳科技创始人、董事长兼CEO　张大磊销售，是企业面对客户的第一界面，也是企业业绩的第一责任主体。销售组织承载的是企业战略方向和策略实现的关键力量，如何将企业的战略直达销售行为，始终是困扰企业管理尤其是营销管理的核心问题。在本书中，我们可以清晰地看到一名销售人员如何快速成长为优秀的客户经理、销售经理和销售总监的，其宝贵的财富在于作者将自己对复杂产品销售的经历和经验总结沉淀为通俗易懂的、可借鉴的、可执行的、可量化的日常行为，对于立志于学习企业战略、客户销售的读者，是不可多得的读物。

——用友网络科技股份有限公司副总裁　张月强

在商业的大舞台上，销售扮演着无可替代的角色，它不仅是企业成功的基石，更是推动企业快速发展和转型的引擎。然而，要在这个竞争激烈的市场中脱颖而出，构建强大、专业的销售体系并不是一帆风顺的。

本书将复杂的销售营销体系阐述得十分清晰。作者将公司的营销体系建设、销售团队的管理和个体销售人员的成长融会贯通为一体，旨在助力企业构建坚实、高效的销售体系，以应对市场的挑战，实现企业的持续增长。

作者坦诚地承认自身的工作经历和思考深度存在一定的限制，但这并未减损其书中所蕴含的智慧和价值。恰恰相反，这份真挚与谦卑，让读者能够更加真实地感受到作者与其所分享的经验和洞见的连接，这种连接更像是一种倾听和交流的纽带。

　　在书中，我们发现了许多实用的销售技巧和策略，但更为重要的是，作者在书中强调了个人发展的重要性。因为只有在个人不断成长和突破的过程中，才能够建立起坚实的销售基础，进而实现销售团队和整个企业的跨越式发展。

　　这本著作不仅是一本关于销售的书籍，更是一本引领个人发展的指南。它向我们展示了在销售的道路上，每个个体都能够发挥独特的价值，都有机会与企业共同成长。

　　在这里，我想向作者表达衷心的感谢，感谢他以个人发展的视角，为我们呈现了一幅壮阔的销售图景。这是一本充满智慧和诚意的著作，它将激励和指引无数追求销售成功的人们，帮助他们建立起强大、专业的销售体系，从而助推企业腾飞，迎接更加光明的未来。

——熔拓资本创始合伙人　张洪刚

　　读刘华先生的《卓越销售》这本书，感觉是一位"久经沙场的老兵"在我面前娓娓道来，用平实的语言揭示着销售成长之路。

　　《卓越销售》是刘华先生销售经验、销售管理实践的总结和提炼，以"过来人"的角度讲述自己如何从一个销售小白晋升到销售总裁。这其中，针对销售新人所面临的行业和职业选择困惑、销售人员的成长、销售团队的管理、公司的营销体系建设等问题，刘华先生结合自己的实践所得和长期思考进行了阐述，倾囊而出、毫无保留地分享给大家。

可以说，《卓越销售》是一本详尽介绍销售人员成长的指导手册，涉及销售工作的方方面面；是刘华先生20余年销售工作的集大成之作，相信每一位"销售人"从中都可以找到自己内心的共鸣，也能找到指导自己取得销售工作进步和提升的方法。

——热景生物创始人、董事长兼CEO　林长青

我认识刘华先生近二十年时间，那时我刚刚成为他的客户，开始经历来自一位销售负责人的从销售到服务的体验。时光荏苒，如今，刘华先生已从销售总监成为上市公司的销售总裁。

在刘华带领的团队中，我亲身经历了如何将销售与服务紧密地融合在一起，从而创造出有竞争力的"产品"，那就是客户导向的服务体验。

本书是刘华先生二十年来从事销售管理工作的实战经历，他以文字记录了一位销售人员如何突破自我的瓶颈成为优秀的销售总裁的历程。相信每一位职场人都可以从中得到有价值的收获。

——到家集团CPO　段冬

销售是商业社会的发动机，也是满足需求和创造需求的原点。一个销售人的自我修养，往往是从"理解"开始，艰苦淬炼，在"认同"中升华，融会贯通。销售既是科学的，也是艺术的；既有通用的方法工具，也有独特的个人参悟。刘华的这本新书有着探索者的力量，探索销售的价值、价值观和价值系统。

——云南白药股份有限公司CEO　董明

在如今各行业面临经济指标的波动和不确定性的时代，对未来营销趋势的准确分析和研究对应的解决方案是商业领袖和销售人员抓住机遇、持续发展、规避风险的关键。在销售人员成长的各个阶段，本书都可以作为一份珍贵的指南，帮助其实现职业生涯的成长和突破。从商业领袖和管理的角度，本书也同时提供了为企业和组织建设强大专业销售体系方面的启迪。在近些年带领销售团队探索国际国内瞬息万变的市场的过程中，我同感拥有优秀的销售人员对企业发展的重大意义。而作者刘华先生将自己从销售代表一步步晋升为区域总经理和集团副总裁经历中的寸积铢累在本书中倾囊相授，并结合了理论、实战与未来规划的参考意义，读后不禁令我感慨本书实可作为优秀销售人员不可或缺的宝典，因而将本书强烈推荐给以上或能同我一道从中获益的读者。

——乐普医疗董事　蒲绯

行百里者半九十。

如果没有优秀的射手去实现破门得分，哪怕是世界顶级的足球队也会一事无成，而销售就是企业里完成临门一脚的关键角色。

销售的角色是如此的重要，但是却很少有学校或者企业能够批量化地培养出优秀的销售。

本书作者以一种近乎成长笔记的叙事手法，描绘出一条相对清晰的从入门到卓越的成功之路，细细读来，颇有拨云见日、柳暗花明之感。

——京东国际前 CEO　Daniel Tan

SALES
EXCELLENCE
A Guide to Career
Advancement from Sales
Novice to Sales President

一个"成人达己"的职业路径

　　这是一个快速变化的时代。几个月前 ChatGPT 横空出世，被广泛认为是人工智能进入一个崭新阶段的标志。比尔·盖茨将其与 PC 革命和互联网革命相提并论，而马化腾认为这是几百年不遇的、类似工业革命一样的机遇。2023 年 3 月，OpenAI 公司和宾夕法尼亚大学的合作研究认为，美国市场上 80% 的岗位将有至少 10% 的任务会受到相关技术的影响。2023 年 6 月，麦肯锡公司发布题为《生成式人工智能的经济潜力》的研究报告，认为在 2030—2060 年间 50% 的职业将逐渐被 AI 取代。在人类所从事的一些职业可能逐渐被取代的时代背景下，人与人之间的交往和信任变得更加重要。销售这一职业会被 AI 赋能，但难以被 AI 取代。

　　我国消费互联网领先世界，这是一个不争的事实。电商平台、社交媒体和短视频平台已经是主流购物和娱乐渠道，相关企业成为经济发展的重要引擎。然而，在产业互联网领域，我国还处于发展和建设阶段，而企业间的合作（Business to Business，B2B）市场上头部企业的规模相比国外还有一定的差距。这也意味着国内相关企业在未来会有更多的机遇。这些机遇需要更多销售人员进行拓展。因此，B2B销售职业仍将迎来进一步的发展空间。

　　B2B销售在整个营销领域受到的重视程度与其重要性是不匹配的，而中文原创的相关书籍更加有限。销售人员需要具备专业的销售技能和对行业的深入了解，以及良好的沟通能力和人际交往能力。他们需要通过努力，将产品和服务推广到更多的客户群体中，从而实现企业的业务目标。如何提升职业能力，并在销售体系内不断成长和晋升，是销售人员共同关心的问题。

　　作者根据自己在B2B销售领域的职业发展经历，将20多年的实践和长期思考加以提炼，在书中分享给广大销售人员，这也体现了作者"成人达己"的理念。书中既有理论视角，又有实战总结，不乏真知灼见。尽管不同行业的实践存在差异，作者的感悟可能未必适用于每一位读者，但是"他山之石，可以攻玉"，相信每一位读者都能从中获益匪浅，在职业道路上迈出更加坚实的步伐。

　　本书的难能可贵之处在于作者经历了从销售代表一步步晋

升为区域总经理再到集团销售总裁的过程。书中详细介绍了每个相关岗位，并指出了在职业晋升中角色转换的关键要点。这本书让销售新手不仅学到战术层面的知识，还可以了解今后的职业发展路径，更好地规划未来，并有效地避免陷入职业发展过程中的瓶颈。正如古人所言："不谋万世者，不足谋一时；不谋全局者，不足谋一域。"

这本书提到了一个观察结果：在《财富》500强企业中，拥有销售背景的CEO人数最多。这并不仅仅是因为销售部门在企业中具有直接接触客户和创造收入的关键地位，更重要的是销售人员的职业成长伴随着综合能力的提升。在销售工作中，他们反复面对拒绝和挫折，培养出了坚韧的性格和积极的心态。长期与不同的客户打交道，使他们善于沟通和处理问题。销售思维方式和能力体现在工作和生活的方方面面。因此，我希望读者在阅读本书时不仅能够获得销售技巧和职业晋升的建议，还能够举一反三，在处理各种事务时更加得心应手，生活更加美满和幸福。

刘宏举

2023年6月于燕园

自序

　　管理学大师彼得·德鲁克在《管理的实践》中明确提出，营销是企业的独特功能。企业之所以有别于其他组织，是因为企业会营销产品或服务，而军队、学校等都不会这么做。任何通过营销产品或服务来达到本身目的的组织都是企业。任何一个不从事营销或偶尔从事营销的组织都不是企业，也不应该把它当作企业来经营。

　　销售人员是营销策略的实际推动者，销售工作充满机遇和挑战。在过去 40 年中，中国企业伴随着中国经济的迅速发展，逐渐从物质匮乏时的生产和产品制胜走向物质丰富时的营销和销售制胜，这使营销和销售工作变得更加重要。

　　然而，一直以来有种误解，就是将销售作为简单的买卖工作或信息传递工作，对销售人员的成长并没有系统分析。作为一名从事销售及销售管理工作 20 多年的人，我有幸拥有了多个行业的销售和管理实践，从一个销售"小白"晋升到销售总裁。在我的职业生涯中，深刻地感受到，很多销售新人面临着行业和职业选择的困惑，而一旦成为精英销售，又往往不知道如何继续发展，转型为优秀的销售管理者。此外，销售经理晋升为销售总监后，也会面临新的挑战：如何制定销售策略，如何快速培养销售团队。最终，只有极少数人能够晋升为区域总经理或集团销售总裁，他们需要具备更高的战略思维和领导力，以应对业务和数字化转型的挑战。

数据显示，我国的民营企业数量众多，为我国经济的繁荣发展做出了重要贡献。然而，大多数企业"寿命"不足三年。许多公司的收入仅停留在几百万元，即使收入达到数十亿元的公司，也面临着许多巨大的挑战。一个行业的逐渐成熟可能导致竞争加剧、技术和产品升级缓慢，以及销售团队能力不足和销售管理不善。这些都可能导致企业错失机会。本书为企业领导者提供一个新的视角来诊断公司内部各个管理层面的管理者，确保他们具备正确的工作理念和相关的管理技能。通过提高销售团队的能力，企业领导者可以推动业务持续增长。在各个公司中，有数千万人从事与销售相关的工作。很多销售人员多年来一直被困在同一职位上，无法实现晋升。这可能是因为普通的教育背景或缺乏持续学习，也可能是因为勤奋程度不够或运气不佳。本书可以帮助销售人员评估自己，发现自身的优点和缺点，并找到实现事业突破的机会。我相信，通过阅读和学习本书，读者能够更好地发掘自身潜力，实现职业上的新突破。

受到拉姆·查兰（Ram Charan）2010 年的著作《领导梯队》（*Leaders at All Levels*）的启发，结合 20 多年的实践经验，我想将自身的成长经历，以及销售人员的发展路径沉淀成为一本书籍，分享一名普通销售人员到销售总裁的成长之路，同时尝试回答销售这个职业在发展过程中所面临的问题和挑战。

本书可以作为销售人员和管理人员的全面、系统、可操作、可学习的成长指南，帮助他们在职业生涯的不同阶段，掌握正确的工作理念、必备的工作技能和高效的时间管理方法，从而实现职业突破和成功。

本书包括引言和 5 篇正文。引言讲了成人达己，便是销售；第 1 篇介绍了从销售"小白"到销售冠军的成长之路，包括如何选择目标客户、建立信任、快速成交，成为一名销售精英。第 2 篇介绍如何从个人英雄转变为帮助别人成功的销售经理，并且掌握销售管理技能，带领销售团队取得更好的业绩。第 3 篇讲述了如何选拔和培养销售经理，根据公司的战略要求制定销售策略，持续完成业绩，成为一名优秀的销售总监。第 4 篇介绍了如何分析区域市场，制定经营策略，实现业绩可持续高质量增长，成为优秀的区域总经理。第 5 篇讲述了如何让战略直达销售，探讨了如何应用 CRM 系统工具，搭建数字化营销体系，推动企业转型，驱动业务持续增长。

这本书既是销售人员职业发展的指南书籍，又是我对过去

20多年工作经历的总结和复盘，有理论，也有实践，兼顾可读性和易用性。本书读者主要包括以下几类：

第一类，对销售职业感兴趣，追求职业生涯持续发展的销售新手，以及入行1~3年的销售人员。这部分读者可以重点阅读第1章的内容，从销售"小白"到销售冠军的成长之路。

第二类，资深销售人员和销售管理者，即销售中层。这部分读者可以重点阅读第2篇和第3篇的内容，帮助自己顺利转型成为合格的销售经理和销售总监。

第三类，公司高层，包括区域总经理、事业部总经理、销售总裁等。这些读者可以重点阅读第4篇和第5篇，进一步明确自己的努力方向。

我的本意和出发点是用通俗易懂的语言，从个人发展的视角将销售工作阐述清楚，将公司的营销体系建设、销售团队管理和个体销售人员成长，融会贯通为一体，帮助企业构建强大、专业的销售体系，支撑企业的快速发展和转型。然而，受限于本人的工作经历和思考深度，难免有疏漏之处，期待读者指正。

最后，我要感谢那些在本书写作和出版过程中提供巨大帮助和无私奉献的人们：

感谢我的家人，他们一直以来对我的支持和理解使我能够专注于自己的事业和专心创作，他们的鼓励和爱是我不断前行的动力。

感谢爱康集团提供了职业发展的平台，感谢爱康集团创始人、董事长兼 CEO 张黎刚先生一如既往的信任和栽培，让我在实际销售管理管理工作中得到充分的历练，积累丰富的实战经验，并形成体系化的销售管理的理论和实践。

感谢北大光华管理学院的刘宏举教授，在本书的写作过程中对我的指导和建议，提升了本书的理论水平，让我能够站在更高的层次上解读销售人员职业发展之路。

感谢为这本写推荐序的好朋友：董明先生、沈鹏先生、付瑶先生、朱叶青先生、林长青先生、段冬先生、张大磊先生、吴俊先生、张月强先生、张洪刚先生、Daniel Tan 先生、蒲绯女士。

感谢所有在写书过程中给我提出宝贵建议的朋友们，你们的建议和案例补充，让这本书更加实用，让我更加坚信这本书带给销售人员的价值。

感谢何刚先生、王睿女士在本书创作之初给予的指导和鼓励，使得我坚持初心，完成写作。

刘　华
2023 年 7 月于北京

目录

SALES
EXCELLENCE
A Guide to Career
Advancement from Sales
Novice to Sales President

你做销售的动机是什么？为什么要做销售？本章提出了一个TASK 模型，销售人员可以对照这个模型，一方面衡量自己是否适合做销售，另一方面明确提高的方向。

本章重点讲述如何规划目标客户群体，如何从目标客户群体当中找到销售线索并进一步把销售线索转化为销售机会。这是销售工作的起点，对销售人员来说非常重要。

对销售人员来说，跟客户建立信任至关重要，本章提供了一个建立信任的公式，分别从可靠性、资质能力、亲密程度、自我取向四个方面来阐述如何更好地跟客户建立信任。

本章重点讲述如何挖掘客户需求，客户需求包含问题、动机、方法、价值、障碍五个维度，对这五个维度都了解清楚，我们就会对客户的需求有深刻的理解。理解了客户需求，才能更好地满足客户需求。

本章重点讲述如何向客户呈现价值，FABE 是一个非常好用的呈现技巧，技巧虽然简单，想要用好却需要不断地练习。

本章重点讲述如何通过行动承诺不断推进订单，以及推进订单的7个技巧；签约之前客户会有顾虑，如何更好地消除顾虑，快速成交，这对销售人员来说非常重要。

本章重点讲述销售人员为什么要成为大客户销售？大客户销售是销售人员职业发展中很重要的路径之一，通过分析大客户销售和小客户销售区别，帮助我们搞清楚大客户销售中最重要的事情是什么。为了做好大客户销售，我们应该如何更好地经营客户。

第2篇　登堂入室：从个人英雄主义到帮助别人成功

销售经理是销售人员从销售岗到管理岗转型的关键一步，本章首先强调了销售经理角色对于个人和企业的重要性，并指出销售经理应该具备的理念和思维，比如成人达己、以身作则等，这些理念将指导销售经理顺利开展工作。

培养人是衡量销售经理是否胜任的重要指标，本章介绍了销售经理该如何招聘销售，如何差异化地管理团队，如何精准培训，以及如何营造团队氛围，是销售经理精准培养人的工作指南。

经理团队的执行力是团队战斗力的保障，本章介绍了销售经理如何做到执行力闭环，提升团队的执行力。此外，本章列举了销售经理的重点工作清单，例如，如何管理团队的开发，如何过客户，如何陪同拜访，如何做复盘等。

学习能力是销售经理的核心能力，只有持续学习和自我提升，才能成为优秀的销售经理，本章介绍了销售经理需要学习的知识，如管理知识、人力资源知识等；此外还强调了销售经理需要具备的心态以及需要提升的素质。

本章重点讲述新任销售总监经常会犯的错误，帮助销售总监合理地避开"陷阱"。这些错误包括但不限于花费太多时间在具体项目上、只注重业绩，忽视销售过程、选择不合适的人当经理等。

本章重点讲述销售总监所需的正确工作理念，建立对这一职位的正确认知，比如宏观战略思维、数据分析思维、人才管理思维、创新思维、持续学习思维等，通过多维度阐述来提升销售总监的思考力，以及看待问题的全面性。

本章重点讲述销售总监的工作思路，通过 36 个字来概括销售总监的大部分工作内容，建立一个清晰的作战地图，制订正确的工作计划，更好地完成公司下达的任务指标。

本章重点讲述销售总监领导力的内涵，需要具备的几项关键能力，也是销售总监修炼的"内功心法"，只有不断提升自己的领导力，销售总监才能带领团队做出更大的成绩。

第 5 篇　统筹全局：让战略直达销售

销售总裁属于集团高管，销售人员能够成为销售总裁的少之又少，但正因为稀少才珍贵，对于销售总裁应该具备哪些全新的工作理念，是本章的重点内容。主要包括：系统思维、关注趋势、创新思维、数字化思维、重视人才培养体系等。

本章重点讲述销售总裁的重点工作内容：如何做出正确的战略规划、建立公司战略和区域实际业务的连接，让战略直达销售、建立数字化的销售管理体系、搭建人才培养体系等，对销售总裁来说都非常重要。

成人达己，便是销售

很多年轻人刚踏入社会时会面临一个重要的问题：选择什么工作更适合自己，有更好的发展前景。这个问题确实需要认真思考和权衡。

世界上最难的两件事

关于销售和采购，有一种定义如下。

销售：将某种物品价值的相关信息传递给某人，从而激发这个人购买、拥有或者同意、认同的行为。

采购：某人或者某个组织，只要其有需求和欲望，有可以支付的金钱，并且有花钱的意愿，那么这个人或者这个组织就被确认为采购方。

销售是把产品和服务的价值传递给采购方，取得采购方的信任，然后签署合同，交付产品和服务，并收回款项。这项工作非常有价值和挑战性。事实上，世界上最难的两件事：一是把想法装进别人的脑袋里，二是把钱从别人口袋里掏出来。然而，这正是销售人员必须面对的事。销售管理和领导者则需要通过协调和影响员工的想法，凝聚人心，达成业绩目标。这也是一项有挑战性的工作，需要具备优秀的领导和管理能力。

《孙子兵法》中讲：兵者，国之大事，死生之地，存亡之道，不可不察也。

故经之以五事，校之以计，而索其情：一曰道，二曰天，三曰地，四曰将，五曰法。

道者，令民与上同意，可与之死，可与之生，而不危也；天者，阴阳、寒暑、时制也；地者，远近、险易、广狭、死生也；将者，智、信、仁、勇、严也；法者，曲制、官道、主用也。

凡此五者，将莫不闻，知之者胜，不知之者不胜。

"道天地将法"的第一条是道，《孙子兵法》中的"道"指的是："令民与上同意，可与之死，可与之生，而不危也"，强调了统一思维和认知的重要性，也是销售思维的核心所在，即如何让别人接受自己的思想。虽然你可能并不从事销售工作，但销售思维方式是每个人都需要掌握的。

据统计，《财富》世界 500 强排行榜中的企业的 CEO，最多的是做销售出身的，其次是做财务出身的，这两者加起来超过 95%。出现这样的规律，是因为从事销售这个职业的人，具备一些特殊的素质和能力。

首先，销售职业的特殊性在于它为公司创造收入。因此，在以营销为导向的公司中，销售部门非常重要，业绩突出的销售人员会得到更多的晋升机会。另外，销售人员通常具备坚韧不拔、机智灵活和洞察力强等特质，这些特质可以帮助他们更好地了解客户需求和市场变化，为公司创造更多商业价值。此外，许多销售人员在积累足够多的客户和资金之后会选择创业。这表明销售职业有助于提升个人商业意识和创新能力。综上所述，销售职业的特殊性使从事销售职业的人具备了许多从事其他职业所不具备的特质和优势。因此，销售被认为是具有广泛前景和发展机会的职业。

其次，销售人员是企业的重要员工，因为他们是直接接触市场和客户的代表。市场部门了解客户可能基于调研和数据，而销售人员是接触客户的关键人物，最了解客户的想法，是向客户传递公司和产品价值的主要人员。在以零售为主的消费品公司中，市场部门的作用更为突出，而在以 B2B 为主的公司中，销售人员的作用更加重要。只有最了解客户需求的人，才能够带领企业不断前进。因此，销售人员对于企业的成功至关重要，他们不仅懂得如何销售产品，还了解客户需求和市场趋势，以及如何与客户建立良好的关系。

最后，优秀的销售人员通常是在市场中锤炼出来的。他们性格坚韧，内心强大，为人处世成熟。这些特质也是他们成功的重要因素。这并不是说只有成为销售人员，才能具备这些特质，每个人在职业生涯中都需要掌握一些销售思维方式，因为每个人都需要进行销售。无论你选择什么样的职业，都需要有一定的销售技能。

如果你是职场新人，你需要将自己的潜力和价值推荐给理想的公司。

如果你是 HR，你需要将公司的工作机会推荐给面试者。

如果你是创业者，你需要将公司的未来推荐给客户和投资人。

销售的境界：成人达己

许多人会提出以下问题：什么是销售？销售需要哪些思维方式？销售的最高境界是什么？

先给大家讲一个故事：

美国南部有个州每年都举行南瓜品种大赛。有个农夫经常获得各种优秀奖，他在得奖之后会把得奖的种子分送给街坊邻居。有位邻居就问他："你的奖来之不易，每季都看到你投入大量时间和精力做品种改良，这么慷慨地将种子送给我们，就不怕我们的南瓜品种超越你的吗？"

农夫回答："我把种子送给大家，帮助大家，同时也是在帮助自己！"原来，农夫居住的地方的田地都是相邻的，农夫将改良的种子送给邻居们，邻居们就能改良他们的南瓜品种，就可以避免蜜蜂在传递花粉时将邻居们较差的南瓜品种的花粉传播到自己的瓜田。这样，他就有足够的时间和精力投入改良南瓜品种上了。

相反，如果农夫将得奖的种子私藏，那邻居们在南瓜品种改良方面势必落后于他，那么蜜蜂就很容易将那些较差品种的南瓜花粉传授给自己的南瓜，这样他必须拿出时间和精力来防范外来花粉对自己的南瓜品种的影响，从而会影响他对南瓜品种的改良工作。

在这个故事中，农夫没有私藏优良的南瓜种子，而是通过向邻居赠送南瓜种子实现了双赢的局面。这个农夫的做法体现了"成人达己"的理念。销售人员的职责是帮助客户成功，当客户成功时，自己也会随之获得成功。销售人员最重要的思维方式就是"成人达己"。只有具备了这样的思维方式，才能够在销售这条路上越走越远。

销售人员取得成功的三要素

很多人在进入销售行业时，会经历以下场景：在面试时，面试官问候选人为什么想从事销售工作，而候选人通常会回答希望能够获得更多的收入、更好的生活，以及更快的职业发展。很多人选择销售行业，主要有三个原因：

首先，相比其他职业，销售通常更容易获得高收入。销售人员的收入由基本工资和提成构成，如果业绩优秀，提成也会相对丰厚。

其次，销售部门在公司中通常具有重要的地位，因此销售人员相对于其他部门的员工拥有更多的晋升机会。通过积累销售经验，销售人员还可以学到许多管理和领导技能，为未来的晋升打下基础。

最后，销售人员的工作时间通常比较灵活，这也是许多人选择销售职业的原因之一。

然而，很多人从事销售工作多年，却没有取得预期的成果和发展，即使偶尔因为运气业绩好，也很难持续业绩好，更难成为销售管理者。

一名销售人员要想取得成功，取决于三个要素：动力、环境、能力，如图1所示。其实，不只是销售，对所有职业来说都是如此。

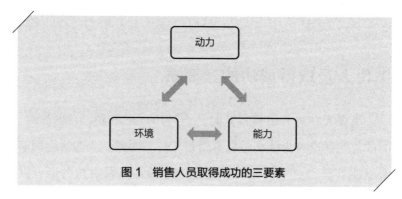

图1　销售人员取得成功的三要素

动力是指是否有强烈的成就动机，一定要把销售做好；能力是指是否掌握了相关的销售技能，实现目标需要与能力相匹配。这两个方面，在第1章会详细介绍，在这部分重点阐述销售人员如何做选择，影响销售人员发展的环境因素有哪些。

人们常说"选择大于努力"。在选择方面，秦朝宰相李斯是个高手。

秦朝宰相李斯是一个善于观察生活的人，尤其是在如厕的时候，他发现厕所里的老鼠过着暗无天日的生活，不仅生活环境恶劣，还要承受人人喊打的局面。反观粮仓里的老鼠，又大又肥，住着"别墅"，生活无忧无虑。

究竟是什么原因造成了截然相反的两种生存状态呢？李斯经过反复思考，终于找到了问题的根源：生存的环境决定了生活的质量。

李斯把这个"科研成果"用到了人的身上，得出的结论让他很震惊。一个人有无出息就像老鼠，在于能不能给自己找到一个优越的环境。李斯开始不再安分，不顾领导的挽留，毅然决然地辞去了职务。

李斯离开家乡后，来到了兰陵。他师从天下有名的大学问家荀卿，学习法家思想，也就是帝王之术，最终成就了一番事业。

对于销售人员来说，选择非常重要。销售人员要基于以下5个外部环境因素做出选择。

1）**城市**。在选择城市时，销售人员往往会面临很大的困惑。有人认为在大城市机会多、收入高，但是也有人认为大城市虽然收入高，但消费也相对较高，小城市机会较少，但消费水平低，生活较为安逸。

对销售人员来说，选择在一线城市工作，如北京、上海、广州、深圳等，会有更多的机会。

2）行业。对销售人员影响比较大的第二个因素是行业。两个资质完全相同的人，付出同样的努力，因为所在的行业不同，收入和发展会差别很大。"女怕嫁错郎，男怕入错行"说的就是这个道理。

每个行业都会经历6个发展阶段：创业期、成长期、成熟期、衰退期、转型期和终结期。对销售人员来说，最好在创业期或成长期进入行业，能享受行业快速发展带来的红利，收入会更高，收入增长也会更快。

成熟期就只能挣到行业的平均工资，相对比较平稳，很难有大的发展。当行业进入衰退期时，整个行业的毛利润较低，行业的从业人员很难挣到更多的钱。

当前，移动互联网、大健康、人工智能、半导体、新材料等行业被认为是朝阳行业。哪些行业更有前途，需要进行深入的分析。销售人员需要结合自身的实际情况，选择一个发展迅速、毛利润高的行业，付出同样的努力却获得更快的发展和更高的收入。

3）公司。影响销售人员的第三个环境因素是公司，是应该选择大公司，还是选择小公司？大公司往往流程规范、完善，但每个人都是螺丝钉，完成工作职责范围之内的事情即可。一些小公司流程不规范，规章制度不健全，个人除了自己的本职工作以外，还需要根据领导的安排，完成其他工作。大公司对学历、素质、经验、资源等要求往往比较高，很多刚参加工作的销售人员因达不到这个标准，只能进入小公司。

如果有选择的机会，建议销售人员选择进入大公司，或者在小公司积累一定的经验后，再择机进入大公司。这出于两个方面的原因：一是，刚进入职场的前几年，除了挣钱，最重要的是养成良好的职业习惯，这个习惯会伴随整个职业生涯。大公司有着非常规范的流程和规章制度，能够帮助销售人员养成良好的职业素养。二是，客户资源是销售人员非常重要的资源，在一家公司工作几年，除了拿到工资和提成，最重要的是积累客户资源。大公司的平台更大，更有利于销售人员积累客户资源，这对销售人员具有非常重要的意义。

4）**职位**。影响销售人员的第四个环境因素是职位。在选择职位时，销售人员需要考虑不同工作对职业生涯的影响。每个公司都有核心部门和岗位，只有进入核心部门和岗位，才有可能获得更多资源、更容易取得成功。技术驱动的公司产品或技术部门往往是核心部门，例如人工智能公司的算法工程师或技术大咖，会受到重视。因此，选择合适的职位需要考虑个人的专业和公司的核心竞争力的匹配程度。

当然，对于很多营销导向的公司来说，销售部、市场部是一个不错的选择，但是不同类型的公司的核心部门也是不一样的，有些公司的核心部门是销售部门、有些公司的核心部门是市场部门。对于以市场驱动的消费品公司来说，最重要的其实不是销售部门，而是市场部门。销售这个职业，可以分为 B2C 和 B2B 两类，B2C 是指针对个人用户的销售，比如商场的导购；B2B 是指针对商业用户的销售，分为渠道和直接销售两种，直接销售还可以分为交易型销售和解决方案型销售两种，如图 2 所示。

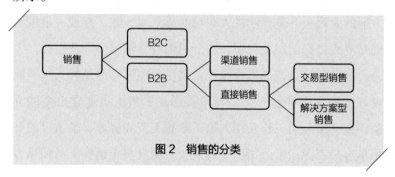

图 2　销售的分类

不同的销售模式对销售人员的能力和素质要求不同。其中，解决方案类的大项目销售对销售人员的要求最高，需要深入了解客户的业务、具备强大的方案设计能力和建立信任的能力，还需要积累行业知识和经验。这种销售岗位的门槛相对较高，收入和发展前景也是最好的。因此，对于想要在销售行业取得良好发展的人来说，首选的岗位应该是解决方案型销售。

5）**老板**。影响销售人员的第五个环境因素是老板。这里的老板不仅是指公司的创始人、股东，也包括直接领导、部门负责人，因为直接领导才是与员工打交道最多的人。

　　如何评估一位领导是否值得跟随？有两个主要标准。

　　一是，领导是否具备分享精神，跟着他是否能赚到钱？具体来说，如果员工和他一起工作，他是否愿意和员工分享收益？有些老板虽然业务能力很强，但只顾自己赚钱，他的员工收入并不理想。这样的领导并不值得追随。社会压力非常大，人们工作的目的之一就是通过自己的努力赚钱，过上更好的生活。这是最基本的需求，如果这一点都无法满足，没有人会仅仅因为领导的个人魅力而一直跟随他。

　　二是，跟随他是否能够获得成长？这个问题可以从两个方面来看待。首先，领导必须具备优秀的能力，并且有很大的晋升空间。个人的职业发展取决于自身工作能力和领导的认可程度，同时也取决于领导是否能够提供晋升机会。如果领导是一位业务能力强且乐于分享的人，跟随他，成长会非常迅速。这对职业发展很重要。有些领导人品不错，对员工的要求不是很高，但员工跟随他学不到知识。从职业发展的角度来看，这并不是一件好事。

　　一个好领导的标准是既能让员工赚到钱，又能够帮员工快速成长。

销售人员的职业发展之路

　　张杨，35岁，做了10年销售，换过3家公司，在每家公司待了 3 年左右，每天的工作就是见不同的客户。他想往上走一步，可是在公司里看不到什么希望。他想创业，但是感觉这么多年积累的关系和资源，都是在公司平台上的。因此，他既没有创业的经验，又没有创业的信心。

正处在"上有老，下有小"的人生阶段，虽说有车有房，但对未来充满了危机感，未来何去何从，是张扬每天都在思考的问题。

不仅是张杨，所有的销售人员都很关心自己的职业发展。销售人员的职业发展道路有三条：专家路线、管理路线和创业路线，下面重点讲前两条。

第一条路线是专家路线。专家路线是指从销售新人开始，通过不断学习和积累经验，成为行业的资深销售（客户顾问）和行业专家，可能在公司获得客户总监等职位。销售人员的职业发展规划——专家路线如图 3 所示。

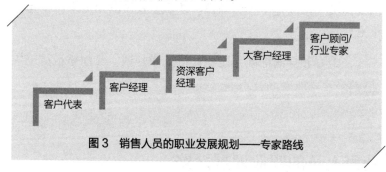

图 3　销售人员的职业发展规划——专家路线

销售是一个既残酷又充满挑战的职业。残酷在于它以数字和业绩来评估销售人员的表现，业绩差就可能面临被淘汰，业绩出色则可能成为公司的销售英雄。充满挑战是因为需要不断地提升销售能力和专业素养，从一名销售"小白"逐步成长为大客户经理或行业专家。这是一条不断"打怪升级"的道路。

对销售人员来说，销售业绩与收入直接相关，因此不断提高自己的销售业绩是非常重要的。只有专业素养足够强，才能在竞争激烈的市场中脱颖而出，成为行业内的佼佼者。

第二条是管理路线。销售人员在一家公司，通常需要经历四个阶段。

第一个阶段是学徒阶段。在这个阶段，销售新人需要全面学习业务知识和销售方法、了解公司流程，还要对公司的规则和文化有清晰的认识，以便在公司内部更好地申请到资源。

1）服从上级领导的管理，并展现出工作的主动性和创造性。所有的领导都喜欢有能力并积极配合自己的下属，因此在服从管理的基础上，发挥主观能动性完成工作是至关重要的。

2）不做"独狼"，积极参与团队任务，保质保量地完成自己负责的工作，尽可能为团队创造价值。

3）尽可能融入公司的文化，适应公司的风格，如果不能接受公司的文化和价值观，就无法在公司中走得更远。

第二个阶段是独立贡献阶段。新员工应该积极主动地学习，争取上级领导对自己的信任，这样才能有更多的发展机会。销售新人经过学徒阶段后，进入独立贡献阶段：独立跟进客户并完成任务。大部分销售人员都处于这个阶段，从客户开发到最后签订合同并提供服务，他们对整个项目的生命周期负责，可以独立解决项目过程中遇到的各种问题，个人能力得到充分发挥。正因如此，他们成了优秀销售员。对于这部分销售人员来说，个人专业能力是其生存的根本。很多销售人员的职业生涯止步于此，这与个人选择有关。因为做一个优秀的销售员是他们非常喜欢的，而且收入也很高，他们并不愿意升到更高的职位而是倾向做专家，即走"专家路线"。

如果销售人员往更高的职位发展，则会进入第三个阶段：通过他人贡献，实现个人价值阶段。

当销售人员晋升为销售经理时，他们面临着从个人贡献者过渡到依靠团队来实现目标的挑战。虽然销售能力不是胜任该职位的唯一因素，但是至少应具备中等以上水平的销售技能，才能获得销售经理职位。

除了销售技巧，销售经理还需要学习整合资源，激励销售团队实现目标。他们还必须成为教练，帮助团队成员成长并发展自己的销售技能。此外，销售经理应具备良好的商业思维和广阔的视野，能够了解公司的战略选择，并将其有效地传达给销售团队。

销售经理花费大量时间培训和发展下属，不是因为他们喜欢培养人，而是因为这是业务发展所必需的。要实现团队目标，保持业务高速增长，最重要的就是发现和培养更多优秀的销售人员。

销售人员要达到的第四个阶段是影响组织发展方向阶段。

销售总监需要根据公司战略目标制定销售策略，确保销售团队始终在正确方向上努力。区域总经理、销售总裁等公司高层则需要在更高层次上考虑组织的战略目标和未来发展方向，为组织的成功做出贡献。他们需要有战略思维和商业洞察力，能够深入分析市场趋势、竞争对手和客户需求，制定适当的策略并推动整个销售组织的发展。

从销售代表晋升到销售经理、销售总监、区域总经理、销售总裁，需要实现工作理念、工作技能、时间管理方法的全面更新，需要不断学习并提高自己的能力和素质，以适应不同的职业阶段和角色要求。

销售人员的职业发展规划——管理路线如图4所示。

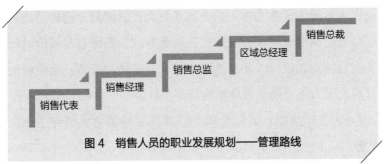

图4　销售人员的职业发展规划——管理路线

管理路线的每一个阶段转变对销售人员来说都是巨大的挑战。一位销售人员，由于个人销售能力很强，被提升为销售经理，他虽然招聘了5名销售新人，但总是冲在业务一线，年底销售任务完成得非常好。如果只看业绩的话，这位经理的绩效非常好，应该受到表扬。但是仔细分析会发现，团队80%的业绩都是经理一个人完成的，销售新人全变成了经理的助理，如果长期维持这种状况，团队业绩是不可能持续增长的，毕竟个人的时间和精力都是有限的。

销售人员要想成为优秀的销售管理者，需要从以下三个方面着手。

1）**工作理念。**优秀的销售人员要想成为优秀的销售管理者，需要转变自己的工作理念——从个人贡献者转变为帮助团队实现业绩，不能总是争抢销售人员的业务，而应该注重协作，培养团队的合作精神。同时，要意识到优秀的销售人员不一定是优秀的销售管理者，不仅不能勉强自己，也不能期望一蹴而就，因为个人认知的转变需要时间和丰富的经历。

2）**时间管理。**销售管理者需要注重实际行动，将辅导下属作为重要的任务之一，并合理规划自己的时间。销售管理者可以通过制定时间表、设定优先级等方式，确保有足够的时间来进行辅导和教练，并对辅导效果进行评估和反馈。重视时间管理是成为优秀销售管理者的必要条件。

3）**工作技能。**销售管理者需要具备与销售人员完全不同的技能，因此需要重新学习和提升。

按照管理路线成长的销售人员，在每一个职业发展阶段需要不同的工作理念、工作技能和时间管理的方法。

销售代表：成为销售精英

销售代表作为个人业绩的贡献者，主要考核个人业绩，因此需要专注于自己的业务。作为销售代表，职责是传递公司产

品和服务的价值，为客户创造价值。因此，销售代表最核心的
理念是帮助客户成功。只有当客户成功时，销售代表的成功才
会随之而来。除了基本的销售技巧，销售代表还需要关注客
户，花费时间在最有价值的客户身上。销售代表的核心工作理
念、工作技能、时间管理方法见表1。

表1　销售代表的核心工作理念、工作技能、时间管理方法

技能	核心内容
工作理念	帮助客户成功
工作技能	找客户、挖需求、建信任、递方案、促成交等销售技能
时间管理方法	把大部分时间花在客户身上，不是在见客户，就是在去见客户的路上

销售经理：帮助他人成功

在转型成为销售经理之前，优秀的销售代表应该清楚自
己想要走管理路线还是继续专注于销售工作。两者没有好坏之
分，只是不同的选择。不要陷入既想赚提成又想担任销售经理
的境地，最终可能会两头失利。

销售经理和销售代表最大的不同在于，销售经理的业绩是
由团队完成的，而不是由个人单打独斗完成。因此，销售经理
不能总是亲自跑业务，而是要帮助团队成员实现业绩目标。具
体来说，销售经理需要做到以下几点。

1）在工作理念上，注重帮助团队成员取得成功，甚至会

更开心地看到团队成员取得业绩，而不是试图独占团队成员的业绩。

2）在技能要求上，需要具备制订整体计划、人才的"选育用留"、建立良好的人际关系等管理能力。

3）在时间管理上，需要合理安排时间，将50%以上的时间用于管理、辅导团队成员，而不是仅仅关注个人业务。

在决定转型之前，销售代表需要慎重考虑自己的选择，并根据需要学习和提升必要的能力和素质。**销售经理的核心工作理念、工作技能、时间管理方法见表2。**

表2　销售经理的核心工作理念、工作技能、时间管理方法

技能	核心内容
工作理念	<ul><li>从管理自我到成就他人</li><li>以身作则，但不要事必躬亲</li><li>做足准备，去除侥幸</li><li>经理是责任而非权力</li><li>自我奉献精神</li><li>成功归他，失败归己</li></ul>
工作技能	<ul><li>精准培养团队</li><li>制订销售计划，并驱动团队执行</li><li>人员行为管理、过客户等过程管理</li><li>人员招聘、辅导、激励</li><li>打造独特的团队氛围</li></ul>
时间管理方法	<ul><li>制订计划时间</li><li>与下属沟通时间：过客户、一对一沟通、培训、训练等</li><li>见客户（陪访）、跨部门沟通</li><li>50%的时间用于管理工作</li></ul>

销售总监：制定销售策略

很多人认为销售总监和销售经理没有区别，只是管理的人员更多而已。这种观念是片面的，虽然销售总监也需要承担一部分实际的业务工作，但是应该把 60% 以上的时间都用在管理上。

销售总监的核心工作首先是理解和承接公司的战略，制定部门销售策略和政策，因此销售总监需要具备大局观；其次是选拔和培养出优秀的销售经理；最后是销售总监需要学会充分利用公司的资源，包括人力资源和财务资源等，以实现销售业绩的最大化。**销售总监的核心工作理念、工作技能、时间管理方法见表 3。**

表 3　销售总监的核心工作理念、工作技能、时间管理方法

事项	核心技能
工作理念	• 宏观战略思维 • 数据分析思维 • 合理授权思维 • 团队教练思维 • 创新创意思维 • 持续学习思维
工作技能	• 理解和承接公司战略，根据公司发展策略制定销售策略和政策 • 搭建合理的团队架构 • 根据业务模式，总结和提炼销售方法 • 选拔和培养一线销售经理，持续提升团队能力

（续）

事项	核心技能
工作技能	• 根据团队定位，制定差异化绩效 • 利用好市场活动驱动业务 • 平衡管理和协调公司资源，取得职能部门的支持 • 建立客户圈层，搭建人际网络
时间管理方法	• 60% 的时间用于销售策略的制定和监督执行

区域总经理：从销售到经营

区域总经理需要完成从销售思维到经营思维的转变。在此基础上，他们需要根据集团的发展战略，制定适应区域发展的策略，并建立适合的组织架构、完善的工作流程，确保区域发展策略的实施。这意味着他们需要具备战略制定、组织管理和运营能力，同时需要与其他部门合作，协调资源，共同推进区域业务的发展。**区域总经理的核心工作理念、工作技能、时间管理方法见表 4。**

表 4　区域总经理的核心工作理念、工作技能、时间管理方法

事项	核心技能
工作理念	• 大局意识，长远规划 • 职能思维，从垂直管理到综合管理 • 从销售思维到经营思维 • 持续增长思维 • 持续提升领导力

（续）

事项	核心技能
工作技能	• 制定区域发展策略，分解集团考核指标到本区域各部门和各模块 • 设计合适的组织架构，打造卓越团队 • 建立和完善区域公共工作流程和制度 • 根据本地市场特点，制订具体的市场拓展计划 • 督促各项计划的落实，协调前、中、后台，提高工作效能
时间管理方法	• 大部分时间用在区域的运营和管理、策略分析和思考、协调各部门之间的沟通等

销售总裁：让战略直达销售

销售总裁作为集团的高管，首先需要有全局观，参与企业战略的制定，并建立企业战略和实际业务之间的连接，这是销售总裁最重要的工作；其次需要打造销售组织的执行力，确保战略目标的实现。**销售总裁的核心工作理念、工作技能、时间管理方法见表 5。**

表 5　销售总裁的核心工作理念、工作技能、时间管理方法

事项	核心技能
工作理念	• 具备全局观念，培养系统思维 • 关注趋势，发现新机会 • 推动创新，建立增长曲线 • 树立数字化思维，建立基于数据的销售管理体系 • 重视人才培养体系的构建

（续）

事项	核心技能
工作技能	<li>做出正确的战略规划</li><li>建立公司战略和实际业务的连接，让战略直达销售</li><li>建立数字化的销售管理体系</li><li>搭建人才培养体系，建立人才梯队</li><li>建立销售薪酬和激励体系</li><li>建立客户关系管理（Customer Relationship Management，CRM）系统，为公司提供决策依据</li>
时间管理方法	<li>大部分时间用在搭建营销体系、打造组织执行力，确保战略直达销售</li>

　　引言部分构建了整本书的写作逻辑，后续的篇章将以销售人员职业发展规划路线进行展开，对销售代表、销售经理、销售总监、区域总经理、销售总裁 5 个职位所需要的核心工作理念、工作技能和时间管理方法进行详细的阐述。

第 1 篇

销售入门：
从销售"小白"到销售
冠军的成长之路

第 1 章
是什么让销售人员走得更远

你做销售的动机是什么？为什么要做销售？本章提出了一个 TASK 模型，销售人员可以对照这个模型，一方面衡量自己是否适合做销售，另一方面明确提高的方向。

第 2 章
开发客户：找不到客户，一切都白搭

本章重点讲述如何规划目标客户群体，如何从目标客户群体当中找到销售线索并进一步把销售线索转化为销售机会。这是销售工作的起点，对销售人员来说非常重要。

第 3 章
建立信任，赢得客户的信赖

对销售人员来说，跟客户建立信任至关重要，本章提供了一个建立信任的公式，分别从可靠性、资质能力、亲密程度、自我取向四个方面来阐述如何更好地跟客户建立信任。

第 4 章
挖掘需求：触动客户内心的想法

本章重点讲述如何挖掘客户需求，客户需求包含问题、动机、方法、价值、障碍五个维度，对这五个维度都了解清楚，我们就会对客户的需求有深刻的理解。理解了客户需求，才能更好地满足客户需求。

第 5 章
我贵我值：向客户证明价值

本章重点讲述如何向客户呈现价值，FABE 是一个非常好用的呈现技巧，技巧虽然简单，想要用好却需要不断地练习。

第 6 章
促成交：销售中的临门一脚

本章重点讲述如何通过行动承诺不断推进订单，以及推动订单的 7 个技巧；签约之前客户会有顾虑，如何更好地消除顾虑，快速成交，这对销售人员来说非常重要。

第 7 章
成为大客户销售人员

本章重点讲述销售人员为什么要成为大客户销售？大客户销售是销售人员职业发展中很重要的路径之一，通过分析大客户销售和小客户销售区别，帮助我们搞清楚大客户销售中最重要的事情是什么。为了做好大客户销售，我们应该如何更好地经营客户。

第 1 章

SALES
EXCELLENCE
A Guide to Career
Advancement from Sales
Novice to Sales President

是什么让销售人员走得更远

销售的原动力

你是否曾遇到过下面这样的场景？

面试官："你为什么想要从事销售工作？"

候选人："我喜欢与人打交道，享受与客户互动的过程，同时也想挑战自己的能力和创造更多的价值。"

面试官："你希望在销售岗位上得到什么？"

候选人："除了挣钱和发展，我也希望能够提高自己的沟通能力和谈判能力，学习如何更好地理解客户需求并提供解决方案。"

面试官："你为了实现自己的目标愿意付出什么？"

候选人："我愿意付出时间和精力，不断学习和提升自己的专业技能，同时也愿意承担销售带来的压力和挑战。"

作为销售人员，时刻需要回顾自己走上这个岗位的初衷，梳理自己的奋斗目标和动力，这有助于更好地理解销售工作的意义和价值，并且不断提升自己的能力，实现自己的职业和人生目标。

曾经有一名新销售人员，平时默默无闻，工作前 5 个月几乎没有业绩，后面开始爆发。工作 10 个月的时候，完成了全年的销售任务。我后来了解到，他每天准时到单位，晚上 11 点才下班，10 个月几乎没有改变过。他非常勤奋，上班期间与客户沟通，下班整理客户资料，为开发客户做准备。为此，我专门找他聊了一次，问他："是什么支撑你如此勤奋和用心？"

他说："老婆、孩子都在外地，一个人在北京，就是希望能闯出来，要来混日子，我没必要来北京。"我从他身上，能感受到一种强烈的成就动机。

强烈的成就动机是销售人员取得成绩最重要的素质之一。换句话说，销售人员在选择从事销售工作时，需要思考自己的动机是什么？是为了获得更高的收入还是为了发展人际关系？拥有高成就动机的人不仅可以在销售工作中快速学习和适应，而且可以积极地向别人请教和寻求帮助，从而不断提高自己的销售技能和知识水平。

因此，每个销售人员都应该认真思考自己的动机和目标，只有清晰地了解自己为什么从事销售工作，才能更好地激发自己的成就动机，不断提高自己的业绩，拥有更好的发展前景。

你为什么要做销售

我常常在面试中问候选人："你为什么要做销售？"这个问题的答案固然重要，但更主要的是候选人回答时的表情、动作、语气、语速等，这些细节能够帮助我做出判断。

回忆起2009年的一次面试，当时我担任销售总监。一位年轻的女孩被HR推荐给我。我问她："你为什么要做销售？"她的回答很常见，是想多挣钱，让父母过得更好一些。虽然这个回答很普遍，但是我注意到她回答时眼神中流露出的情感和真诚，这个细节令我很感动。

于是我接着问了她一个问题："你在大学里最骄傲的事情是什么？"她回答说，在大学期间，学费是家里支付的，但生活费是自己打工赚来的，这让她感到很骄傲。这个回答让我印象深刻，我决定立即聘用她。

我认为她是我见过的最优秀的销售人员之一。后来这个女孩又去了其他城市，从销售经理做到销售总监，再到区域总经理，她的职业发展十分顺利。不过到现在我依然还能清晰地记得她回答问题时的眼神，以及带给我的触动。

当你有一个目标是为了别人的时候，你会发现你特别勇敢。我曾经做过一个调研，发现在员工福利市场，女性成功的概率会更高一些，特别是二、三线城市已婚已育的女性。她们成功的概率非常高，常常是 10 个销售冠军里只有 2 位是男性，女性的比例高达 80%。或许对于孩子的责任感，母亲多于父亲。为什么已婚已育的女性销售人员的业绩普遍偏好？是因为她们的原动力充足，这种原动力能够帮助她们克服各种困难，包括内部和外部的，而且她们还有一个特点——她们不会轻易换工作，她们会选择沉淀。当你在一个行业、一个公司沉淀 3 年、5 年甚至 10 年，大概率会发展得不错。

　　我面试过的大多数人选择销售这份工作的目的是能多赚钱，还有一部分人觉得销售是一份特别有挑战性的工作，想要通过这份工作磨炼自己、提升自己。实现财务自由、空间自由、内心自由，这才是人们最终的追求。更多的钱可以帮助你更快地发展和更好、更自由地生活。

　　马斯洛的需求层次理论把人的需求分为 5 个层次，分别是生理需求、安全需求、社交需求、尊重的需求、自我实现的需求，如图 1-1 所示。

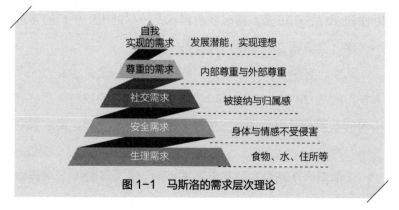

图 1-1　马斯洛的需求层次理论

　　对大多数刚参加工作的销售人员来说，他们的需求一般处于金字塔的底部，关注更多的就是衣、食、住、行的需求。以北京为例，在五环外租个房子，需要花费 1500~2000 元，生活费每个月也需要 2000 元，销售人员的底薪在 4000~6000 元之间，只够基本生活费。

　　其实大多数公司的销售人员底薪都比较低，也有部分公司的底薪较高，但是总体薪酬结构都是一致的，只是薪酬的设计规则不一样。也可以说，一个较低的底薪，能够把那些并不想真正做销售的人拒之门外，把那些想要通过个人努力赚更多钱的人选进来。

　　不同的行业，底薪差异很大，但是高底薪必定意味着高要求，比如这个季度任务完不成，底薪按 80% 发放，下一个季度任务完不成，底薪按照 60% 发放，如果再下一个季度还是完不成，那么可能就没有机会了。除此之外，还有学历、综合能力等很多要求，如果满足了这些要求，当然底薪就高。

　　先探讨一下，人的需求取决于什么呢？ 60 后在 20 多岁的时候和 90 后在 20 多岁的时候的需求是一样的吗？他们的需求不一样、价值观也不一样，有很大的差异。

　　其实，有两个因素影响人们的需求：第一个是年龄，一个人在 10 岁、20 岁、30 岁、40 岁……不同的年龄段的需求会有很大的差别；第二个是经济条件，经济条件不一样，需求肯定是不一样的。

　　人的需求会随着年龄和经济条件的变化发生改变。当你赚的钱只能满足基本的"食物、水、住所"的需要时，你的想法和需求是什么？当你每年赚几百万元或者更多时，你的想法和需求是什么？在这两种情况下，个人的需求差异非常大。

因此，每个人在选择做销售时，都应该深入思考自己的原动力在哪里？自己的需求处于马斯洛需求层次模型的哪个阶段？尽管人的需求往往不是单一的，但最重要的需求是什么？这是每个人都需要深入思考的问题。

每一个销售人员，可以借助以下三个问题，找到自己的原动力。

1. 我是谁

每个人都需要对自己的背景和资源有清晰的认识和定位，特别是在销售领域。因为人与人之间的差异很大，有些人的起点比其他人高很多，即使同样拥有强烈的成就动机，他们也更容易取得成功。因此，需要正确地认知自己的优势和劣势，既不应该过于自负，也不要妄自菲薄。正确地认识和定位自己，才能更好地找到自己的位置和方向，并制订更有效的职业发展计划。

2. 我想要什么

了解自己后，需要为自己设定合理的目标。这个目标通过自身的努力就能实现，不能过于追求不切实际的高目标。例如，可以先为自己设定一些小目标，逐步实现大目标。这样的目标设定可以激发自己的潜力，从而实现目标。目标的设定需要符合 SMART 原则。SMART 是 Specific（目标）、

Measurable（可衡量）、Achievable（可实现的）、Relevant（相关的）、Time（有时间要求的）首字母组合。

目标必须是清晰具体的，比如 2023 年签单 300 万元，实现收入 30 万元。

可衡量，比如签单 300 万元，这个就可衡量。

可实现的，比如销售人员平均每年可完成 200 万元左右的销售业绩，你给自己设定 300 万元的业绩目标，是有可能实现的，但是你要设定 1000 万元的业绩目标，大概率是实现不了的。

相关的是指目标要与公司和团队目标相关联。

有时间要求，比如 2023 年实现 300 万元的业绩目标，2023 年就是清晰的时间要求。

3. 我能为之牺牲什么

为了实现目标，需要明确自己能够为之牺牲什么，这一点至关重要。对于刚毕业选择从事销售工作的人来说，大部分人的家庭背景和学历比较普通，想要取得成功，必须付出比别人更多的时间和精力。

作为职场新人，缺乏资源、能力和经验，第一个需要牺牲的是"面子"。被拒绝会让人很不舒服，但不应该把面子和尊严画等号。

第二个需要牺牲的是存在感。作为年长者，我不太了解 95 后和 00 后的需求——存在感。可以用"放下自我"来表达这个概念，即在某些时候暂时放下自己的利益和需求，以客户的利益和需求为出发点，考虑问题并做出决策。因为太过强调自我，潜意识中会从以自我为中心的角度去评判别人。销售人员应该将客户的利益放在首位，而不是过度强调自我，这样才能更容易被客户接受。

为什么同样的事情从不同人的口中讲述会产生不同的结果呢？原因很简单，人的行为大多基于两个因素：个人利益和认知水平。首先是基于个人利益。如果你经常让别人感觉到你所做的一切都是为了自己的利益，你会得到支持吗？因此，在销售这个行业中，有一个流传已久的说法：与其卖东西给客户，不如帮助客户购买，这就是顾问式销售的核心。要知道，在利益面前，没有谁比谁笨，你一开口，客户就知道你想要什么。

很多销售人员，利用所有可能的时间玩游戏、看视频，当然每个人都有自己的选择。但是一定要想一想："我为了实现目标，能够牺牲什么呢？"这是一个拷问灵魂的问题，希望每个销售人员都经常问一下自己。

当你遇到挫折、质疑因而感到很沮丧的时候，想一想为什么要选择一份如此艰难的工作？

TASK 模型

许多刚进入销售行业的销售人员可能会怀疑自己，并质疑自己是否适合做销售，尤其是遇到挫折时。实际上，很多销售冠军经历过自我怀疑的阶段。那么，什么样的人适合做销售呢？优秀的销售人员需要具备哪些特质？关于这些问题有很多不同的说法，有的人说只有长得好看的人，才能做好销售，有的人则认为销售人员必须圆滑……

　　根据这么多年的销售经验，我总结出了销售人员的素质模型：TASK 模型如图 1-2 所示。这个模型可以帮助销售人员很好地进行自我评估。

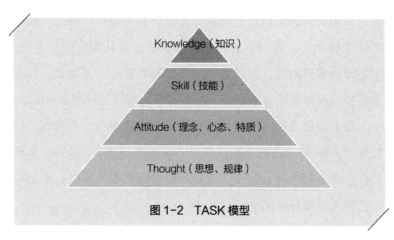

图1-2　TASK 模型

　　TASK 在英文中的意思是任务，因为销售人员需要完成一个又一个的任务，就像"打怪升级"一样，只有这样才能不断地进步。

思想、规律代表着销售的底层逻辑

　　从 FABE 推销法（利益推销法）到顾问式销售，销售方法经历了多次变化和发展，但是销售的底层逻辑从来没有改变过，那就是始终需要为**客户创造价值**。只是创造价值的方式和内涵发生了改变。

市场营销专家菲利浦·科特勒提出了一个"客户让渡价值"的理论：

客户让渡价值 = 客户总价值 − 客户总成本

客户让渡价值理论是指客户在购买产品和服务的时候，考虑的不仅是产品和价格，而且是客户让渡价值。只有客户总价值减去客户总成本大于 0 的时候，客户才能感受到价值，才会购买，反之就不会购买。

客户总价值主要包含三个方面：产品创造的价值、公司提供的增值服务创造的价值、销售人员带来的价值。

以餐饮行业为例，餐饮行业可以为客户提供的价值包含产品价值、服务价值、人员价值和形象价值。

1）**产品价值**。餐饮行业的产品价值主要来自所提供的食品和饮料，包括菜品的口味、品质、新鲜度，以及菜单的多样性等。餐厅可以通过不断创新和改进菜品、引入新食材和新烹饪技法，以及提供定制化的菜单等方式来为客户提供更高品质的产品价值。

2）**服务价值**。餐饮行业的服务价值包括餐厅的环境、氛围、服务质量，以及额外的服务，例如送货、预订等。餐厅可以通过提供舒适的环境、优质的服务、较高的服务速度，以及提供免费 Wi-Fi 等方式来为客户提供更高水平的服务价值。

3）**人员价值**。餐饮行业中的服务员、厨师等人员也可以为客户带来价值。服务员可以提供专业的建议和推荐，提升客户的满意度和忠诚度，厨师可以根据客户的口味和需求进行调整和改进，以满足客户的需求和期望。

4）**形象价值**。餐饮行业的形象价值是指餐厅的品牌形象、声誉，以及社会责任等方面的价值。具有良好的品牌形象和社会责任感的餐厅，会受到更多顾客的青睐，因为他们相信这些餐厅不仅能提供高品质的产品和服务，还能关注社会和环境问题，具有更高的社会价值。

客户总成本是指客户购买产品和服务所需要付出的总成本，主要包括选择成本、支付成本、使用成本等。以餐饮行业为例，包括货币成本、时间成本、精神成本和体力成本。

1）**货币成本**。餐饮行业中显而易见的成本就是货币成本，即客户需要支付的食品和饮料的价格。成本的高低可能会影响客户的购买意愿，因此餐厅需要根据市场需求和消费者心理来制定合理的价格策略，以最大限度地吸引和满足客户需求。

2）**时间成本**。客户在餐厅用餐需要花费的时间也是一种成本。等待时间过长和服务速度慢都会增加客户的时间成本，因此餐厅需要提供快速的服务和高效的流程，以降低客户的时间成本。

3）**精神成本**。精神成本是指客户在用餐过程中需要付出的情感成本。例如，客户可能会因为环境嘈杂、服务不周、食品质量不佳等问题而感到不满意和不舒适，这些因素会增加客户的精神成本。因此，餐厅需要提供舒适、安静、温馨的用餐环境和优质的服务，以降低客户的精神成本。

4）**体力成本**。体力成本是指客户在用餐过程中所需要付出的体力成本，例如排队时候的长时间站立等。一些餐厅可能会提供座位和休息区域，以降低客户排队的体力成本。

销售人员需要具备什么样的理念、心态和特质

1. 理念

销售的底层逻辑是为客户创造价值，相应的销售人员需要具备的核心工作理念是："帮助客户成功"，即"成人达己"，通过帮助客户成功来实现自己的成功。

要想时刻具有这样的工作理念，必须具备以客户为中心的思维。因为只有始终站在客户的角度思考问题，才能真正帮助客户成功。以客户为中心，这句话听起来很简单，但是做到真的很难。

微信是大家常用的沟通工具，销售人员给客户发微信时，正好碰上客户在开会（这是大概率事件），发文字微信或语音微信，客户会有什么不同的反应？

如果你发的是文字微信，客户在开会，可能看了一眼，了解了你要表达的意思，就会回复你了。因为客户看一眼文字花的时间很短。

如果你发的是语音微信，客户在开会，只有在会议结束后

才能回复你。可能是半个小时，也可能是 1 个小时，这要看会议的时长，也有可能会后就忘记回复你了。当然也会有人说，客户可以用微信的语音转文字功能，或者戴上耳机来听，先不说你是否会碰上这么一个客户，即使客户这么做，也会给客户带来麻烦。

通过以上例子，相信大家会觉得应该发文字微信，但现实生活中，还是有很多人给客户发语音微信。因为发语音微信，简单省事，想说的话，几十秒就说完了；要是写文字，可能需要几分钟，还得琢磨措辞。但是对客户来说，正好相反，语音微信听起来很麻烦，不如文字微信清晰。真正的以客户为中心，应该是让自己的工作复杂点，让客户轻松点。

以客户为中心，这句话说起来简单，但是做到很难。因为大多数人都是追求简单的。所以销售人员最重要的素质是以客户为中心的思维方式。其实不只是针对客户，和任何人交往都是这个道理。如果你都按照以客户为中心的思维方式去调整自己的行为，让别人简单、考虑别人的利益，你会发现很多事情会很顺利。

只有养成以客户为中心的思维方式，才能做到帮助客户成功。帮助客户成功，我们的成功也会随之而来。

2. 心态

销售人员需要具备的心态主要包括：大人心态、积极心态、老板心态。

第一个是大人心态。 大人心态就是要求销售人员要像喜欢孩子一样喜欢客户，当面对客户的时候，像大人面对小孩的时候一样去"拥抱"他们，让他们高兴。

某销售人员在与客户沟通时，发现客户对产品的一个细节存在疑问，但客户的提问方式比较含糊，难以准确理解客户的需求。该销售人员耐心地向客户提出更加具体的问题，逐步梳理出客户的实际需求。在了解了客户的需求后，销售人员根据客户的实际需求，提供了多个解决方案，并详细解释每个方案的优缺点，让客户有更多的选择。最终，客户选择了最适合自己需求的产品，并对该销售人员的服务表示感谢。

大人心态在销售中的作用主要表现在以下几个方面。

1）能够建立良好的客户关系。大人心态要求销售人员用亲切、耐心、细致的态度对待每一个客户，有利于建立良好的客户关系。

2）能够更好地理解客户需求。具有大人心态的销售人员能够像对待孩子一样，倾听客户的需求，耐心地解答客户的问题，并根据客户的实际需求提供合适的产品和解决方案。这样能够更好地满足客户需求，提升客户的满意度和忠诚度。

第二个是积极心态。 要想在销售这个职业上走得更长远，必须时刻保持积极的心态。销售人员会经历很多挫折和困难，其面对挫折和困难的态度和认知，决定了可以走多远。

　　19 世纪末的一天，伦敦的一个游戏场内正在进行着一场演出。突然，台上的演员刚唱两句就唱不出来了，台下乱得一塌糊涂。许多观众一哄而起，嚷嚷着要退票。剧场老板一看势头不好，只好找人救场，谁知找了一圈也找不到合适的人。这时，一个 5 岁的小男孩儿站了出来。"老板，让我试试，行吗？"老板看着小家伙自信的眼神，便同意让他试一试。结果，他在台上又唱又跳，把观众逗得特别高兴。歌唱了一半，好多观众便向台上扔硬币，小家伙一边滑稽地捡起钱，一边唱得更起劲了。在观众的欢呼声中，他一下子唱了好几首歌。

　　又过了几年，法国著名的丑角明星马塞林来到一个儿童剧团演出。当时，马塞林的节目中需要一个演员演一只猫。由于马塞林的名气太大，许多优秀的演员不敢接受这个角色。曾经救场的那个男孩又自告奋勇地站了出来，大家都为他捏了一把汗，谁知他和马塞林配合得非常默契。很可能你已经想到了，这个小男孩就是后来名扬世界的幽默艺术大师——卓别林。

　　在现实生活中，我们渴望一展才华的机会、早日找到人生的梦想舞台。然而，当机会来临的时候，我们常常会顾及这样或那样的问题，犹豫不决，踌躇不前，以至于错失了一个又一个实现梦想的机会，最终落得一连串的遗憾。有时候，可能我们什么都不缺，唯独缺少大声说一句"让我试试"的勇气！

　　一代幽默大师卓别林，正是凭借着"让我试试"的勇气和积极的心态才抓住了重要的表演机会。有了跟马塞林同台的机会，为他后来取得举世瞩目的成就奠定了基础。同样，积极的心态对销售人员来说，非常重要。

第三个是老板心态。 老板心态就是为自己干，也许不是每个人都会成为老板，但是想要成功，每个人都需要具备老板心态。

每桶四美元的故事

从前在美国标准石油公司里，有一位小职员叫阿基勃特。他在远行住旅馆时，总是在自己签名的下方，写上"每桶四美元的标准石油"字样。在书信及收据上也不例外，他签了名，就一定会写上那几个字。他因此被同事叫作"每桶四美元"，而他的真名倒没有人叫了。

公司董事长洛克菲勒知道这件事后说："竟有职员如此努力宣扬公司的声誉，我要见见他。"于是邀请阿基勃特共进晚餐。

后来洛克菲勒卸任，阿基勃特成了第二任董事长。这是一件谁都可以做到的事，可是只有阿基勃特一人去做了，而且坚定不移，乐此不疲。在嘲笑他的人中，肯定有不少人才华、能力在他之上，但是最后，只有他成了董事长。

可以这么说，有老板心态的人最终不一定都会成为老板，但是没有老板心态的人肯定最终成不了老板。

老板心态就是像老板一样思考和行动，把老板的事情当成自己的事情。这样你就会知道什么事情是自己应该去做的，什么事情是自己不应该去做的，而不是当一天和尚，撞一天钟。那样的话，就永远只能是一个打工人。

像老板一样执着，像老板一样拼搏，虽然现在不是老板，但是只要具备了老板的素质和能力，你总有一天会成为真正的老板。

3. 特质

优秀的销售人员需要具备的特质包括：无畏、勇敢、粘性、感恩、主动和学习，尽管这些特质并不是销售人员独有的特质，但对销售人员来说尤其重要。

1）**无畏**。销售人员每天需要面对拒绝，面临挑战和压力，必须具有大无畏的精神。无畏这个特质对少部分人来说是天生的特质，他们天生就不知道什么是害怕，但是对于大部分人来说，是可以后天培养的。在销售工作中，要做到无所畏惧，可以从如下几个方面着手。

①对公司、产品和自己有信心，要时刻告诉自己："公司是有实力的，产品是有优势的，我是有能力的，我的形象是让人信赖的，我是个专家，我是最棒的。"

②做好充分的准备：在拜访客户之前做充足的准备工作，对客户的业务进行充分的了解，设想好会面的场景，做好检查工作等。也许所有准备工作都用不上，但是会让你很自信。

③心态放平衡：寻求与客户合作，客户会给你带来业绩，你也会给客户创造价值，这是双赢的。当你想通的时候，就能做到与客户平等交流。

2）**勇敢**。无畏是对外界的压力根本不在乎，勇敢是面对困难明知道自己很恐惧，还是愿意克服恐惧，主动迎难而上。真正的勇敢并不是无所畏惧，这是勇敢和无畏的最大区别。

美国总统罗斯福小时候是一个脆弱、胆小的学生，在学校课堂中总显露一种惊惧的表情，呼吸好像喘大气一样。他如果被叫起来背诵，立即会双腿发抖，嘴唇也颤动不已，吞吞吐吐，然后颓然地坐下。

他常会回避同学之间的活动，不喜欢交朋友。罗斯福虽然有这方面的缺陷，但他有着奋斗精神——一种任何人都可具有的奋斗精神。事实上，缺陷促使他更加努力奋斗，他没有因为同伴对他的嘲笑而失去勇气，他喘气的习惯变成了一种坚定的嘶声，他用坚强的意志，咬紧自己的牙床使嘴唇不颤动而克服他的惧怕。

没有一个人能比罗斯福更了解自己，他清楚自己身体上的种种缺陷。他从来不欺骗自己，认为自己是勇敢、强壮或好看的。他用行动来证明自己可以克服缺点而取到成功。

凡是他能克服的缺点他便克服，不能克服的他便加以利用。通过演讲，他学会了如何利用一种假声，掩饰他那无人不知的暴牙，以及他的打桩工人的姿态。虽然他的演讲并不具有任何惊人之处，但他不会因为自己的声音和姿态而遭到失败。他没有洪亮的声音或是庄重的姿态，他也不像有些人那样具有惊人的辞令，然而在当时，他却是最有力量的演说家之一。

由于罗斯福没有在缺陷面前退缩和消沉，而是充分、全面地认识自己，在意识到自我缺陷的同时，能正确地评价自己，不因缺憾而气馁，甚至将它加以利用，变为登上名誉巅峰的扶梯。在他晚年，已经很少人知道他曾有严重的缺陷。

勇敢对销售人员来说是一个非常重要的特质。

3）粘性。销售人员尤其是做大客户销售的人员，需要与客户保持长期的沟通和联系，这就需要销售人员始终与客户保持粘性。

例如B2B销售，销售人员从开始跟进一个客户，到发现机会、最后签单，一般都需要2~6个月的时间，周期长的可能会需要1~2年。

在销售过程中，销售人员需要很有耐心，搜集客户信息，对客户内部的变化始终保持敏感。也许刚开始客户不喜欢你，但你要慢慢做工作，最终赢得客户，赢得订单。

4）感恩。一个懂得感恩的人，别人才愿意帮助他。

电视剧《大染坊》中有几个场景，让人记忆深刻。

在陈六子快要饿死的时候，锁子叔给了他半块饼，让他活了下来。锁子叔无儿无女，陈六子就把他们老两口当成自己的亲生父母供养，专门安排人伺候他们，为他们养老送终。他用自己的一生践行什么是滴水之恩当涌泉相报。

陈六子要饭的时候，跑到山东企业家苗瀚东的府上，苗瀚东给了他一个馒头。因为这一个馒头的恩情，陈六子每年都要到苗瀚东家去拜年、磕头，成就了一份兄弟情。后来在商场上，苗瀚东也多次帮助陈六子。

一个不懂得感恩的人，是没有人愿意帮助他的。优秀的销售人员都是懂得感恩的人。

5）主动。积极主动地解决问题的能力。很多销售人员在从业两三年后，业绩依旧不佳。经过仔细分析，发现他们的工作方式都很被动。例如，在产品和技术方面，他们习惯于寻求售前部门的帮助。在商务和销售方面，他们则依赖经理和总监帮助自己解决问题，从未想过独立解决问题。他们特别擅长把问题推给别人，做什么工作都需要别人催促。这就是典型的缺乏主观能动性。

相反，优秀的销售人员把自己视为项目导演，将自己视为解决问题的第一责任人。他们会主动寻求支持，不一定每件事情都是自己去做，但一定是积极协调和利用资源，在遇到问题的时候，总是积极地想办法解决，而不是抱怨或推脱责任。

6）学习。时代在变化，需要终身学习。学习是一种持续行为，让我们成为一名终身学习者。有些人把看网络文章、刷短视频等浅阅读当作学习，只是通过这种形式缓解自己的焦虑，没有实际效果，这是"假学习"。真正的学习应该具有目的性和专注性，"持志如心痛"，否则就是消遣。

对销售人员来说，专业领域包括销售技能、公司、产品和客户的业务知识，这些将在后文中详细介绍。此外，学习也需要知行合一，将所学的知识应用于实际工作中，否则就是纸上谈兵，没有实际意义。销售是一门实践性很强的学科，需要注重实用性。

销售人员需要掌握的技能

销售的底层逻辑是客观存在的规律，需要每一个销售人员深刻理解，并按此设计自己的销售行为。销售人员需要具备的理念、心态、特质，一部分是天生的，一部分是需要后天慢慢养成的，可能需要较长的时间，也可能会顿悟。

这部分讲的销售技能，确实需要经过严格的销售训练才能够掌握。对于销售人员来说，要想取得好的业绩，需要具备如下几项能力。

- 开发客户的能力。
- 挖掘客户需求的能力。
- 建立客户信任的能力。
- 呈现价值的能力。
- 促成交的能力。

以上提到的五项能力对销售人员来说至关重要。销售是一门实践性很强的技能，无法仅仅通过读书来掌握，只有通过不断的刻意练习，才能真正掌握。这就好比开车一样，即使你熟知交通规则，掌握了打方向盘、踩油门和挂挡的步骤，如果不练习，也无法真正学会开车。

销售人员需要掌握的知识

对销售人员来说，需要掌握的知识主要包括以下几个方面。

1）**公司知识**。公司知识包括公司的发展历史、业务范围、组织架构等信息。每个销售人员都应该熟练掌握，并能向客户介绍公司情况。

2）**产品知识**。产品知识是指关于产品的所有细节，包括如何使用、功能特点、优点和缺点等。

3）**客户业务知识**。作为客户的顾问，销售人员需要了解客户的业务情况，包括客户的产品或服务、行业情况、竞争对手等信息，以便更好地帮助客户解决问题。

除了以上提到的必备知识，作为销售人员，广泛的知识面也是非常重要的，这样可以更容易地与客户找到共同话题。当然，有人会担心自己不可能掌握所有的知识，会碰到客户问到自己不懂的问题。针对这种情况，需要提前了解客户的兴趣爱好，然后在与客户见面前快速学习和补充这部分知识，以更好地把握客户的需求。

因此，良好的学习能力对销售人员来说非常关键，广泛的知识面也需要通过有针对性的学习不断拓展。

第 2 章

开发客户：找不到客户，一切都白搭

张英是一位销售老手，已经从事销售工作 10 多年了。他的第一份销售工作是从打电话开始的。他的领导要求他每天要打出 15 个有效电话（与客户有实质性沟通，获取电话、邮箱等基本联系方式），并发出 50 封陌生人开发邮件。为了完成这个任务，他每天从早上 9 点到下午 4 点大部分时间都在打电话，但仍经常无法完成 15 个有效电话的任务。开始的一段时间，他每天都很害怕去上班，害怕拨打客户电话多次响铃却没有人接听，但当客户接听电话后，他会感到非常高兴。

这种场景对许多销售人员来说都很熟悉。开发新客户对销售人员来说是一项非常有挑战性的任务。许多新的销售人员离职的原因是找不到销售线索、挫败感强、看不到希望。实际上，不仅新的销售人员会遇到这个问题，许多工作已久的销售员也同样会遇到。当有很多老项目需要去服务的时候，他们就不太愿意去开发新的客户，等忙完之后，才会发现没有新的销售机会了。

造成这个问题的主要原因有以下两个。

第一，销售工作的本质就是一个需要承受挫败感的工作，新人入行时应该清楚。

第二，很多公司缺乏成熟的销售方法，销售人员的成长往往是靠自己的摸索和坚持，这也导致了很多新人的离职率很高。

对销售人员而言，"我的客户从哪里来？"是一个非常重要的问题，甚至从面试时就需要开始思考。

识别有效销售机会

开发客户的目的是找到有潜在需求的客户，并把他们转化为有效的销售机会。以下是一些衡量销售机会是否有效的标准。

1）**有购买意向和需求。**有效的销售机会应该来自有购买意向和需求的潜在客户，而不是那些没有购买意向和需求的客户。在开发客户时，销售人员应该能够判断出客户的购买意向和需求，以便确定是否存在有效的销售机会。

2）**与产品或服务匹配**。有效的销售机会应该与销售人员所销售的产品或服务匹配。如果客户的需求与销售人员所销售的产品或服务不匹配，那么这个销售机会就是无效的。

3）**有决策权**。有效的销售机会应该来自有决策权的潜在客户，而不是那些没有决策权的客户。销售人员应该了解客户的组织结构和决策流程，以便确定哪些客户有决策权。

4）**有购买能力**。有效的销售机会应该来自有购买能力的潜在客户，而不是那些没有购买能力的客户。销售人员应该了解客户的预算和采购计划，以便确定哪些客户有购买能力。

5）**有时间表**。有效的销售机会应该来自有时间表的潜在客户，而不是那些没有时间表的客户。销售人员应该了解客户的购买计划和时间表，以便确定哪些客户有时间表。

总之，有效的销售机会是指那些与销售人员所销售的产品或服务匹配、有购买意向和需求、有决策权、有购买能力、有时间表的潜在客户。销售人员应该根据这些标准来确定哪些客户存在有效的销售机会，以便更加有效地开发客户和推动销售。

开发客户的目的是找到有效的销售机会，有效的销售机会的衡量标准是什么？

给销售人员过客户的时候，经常会发生这样的情况，销售人员销售漏斗里有很多客户，甚至很多客户联系了好几年，但是仔细一分析，发现80%的客户根本就没有打算更换供应商。销售人员每年给客户报一次方案，然后就没了下文。这样的客户信息只能算是销售线索，不能称为销售机会。

在 B2B 销售中，对销售机会有如下定义。

- 见过一次客户。
- 你的产品和服务可以满足客户需求。
- 客户的采购人员中，至少有一个对你和你所在的公司
  感兴趣。

只有满足如上 3 个条件，才算是一个真正的销售机会。销售机会的真实含义是你有资格参与"游戏"中来。如果不满足这个条件，你即便是联系了好几年，见了很多次，这个项目和你依然没关系。它对你来说就是个销售线索，而不是真正的销售机会。

开发客户是将潜在客户转化为销售线索，再将销售线索转化为有效的销售机会的过程。具体来说，开发客户分为以下 4 个步骤。

- 找到你的目标客户。
- 分析和筛选客户。
- 接触、约访客户的方法。
- 初次拜访，激发客户兴趣。

下面将对这 4 个步骤进行详细介绍。

找到你的目标客户

很多销售人员找客户的方式不够系统化和有针对性，他们没有一个明确的客户群体范围和客户画像，只是随机地去找客户。这种方式的效率很低，并且可能会给客户留下不良印象。更糟糕的是，有些销售人员只是盯着招投标网站，看到有招标就去投标。这种方式更是白白浪费了时间和资源。

现在，企业竞争越来越激烈，客户对销售人员的要求也越来越高。因此，销售人员需要采用更加系统化和有针对性的方法去找客户。具体来说，可以分为定点和定向两种方法。定点是指在特定的细分市场，如果在某个行政区、特定的商圈寻找和开发客户，需要销售人员具备一定的市场调研和分析能力。定向是指在某个特定的领域或者行业中，寻找符合客户画像的潜在客户，需要销售人员具备较为专业的行业知识和技能。定点开发和定向开发是两种不同的客户开发方式。定点开发是根据地理位置或区域来开发客户，主要适用于项目金额较小，潜在客户群体较广的情况。销售人员需要挨个进门推销，以追求拜访效率。定向开发则是按照行业或体系进行开发，适用于大客户销售。销售人员需要按照行业分类，找出所有客户名单，或者针对整个集团公司进行机会挖掘。这种方式的工作量较大，需要深入了解客户的业务和需求，因此通常一名销售人员负责一个或几个客户。销售人员需要根据实际业务情况来确定采用哪种开发方式，有时可以两种方式交叉使用。

　　对大部分从事 B2B 业务的销售人员来说，按照行业或者体系划分，都是相对比较好的方式。筛选客户名单，最关键的是不要遗漏，要找到自己负责区域和行业的所有客户名单。

　　在你负责的区域，例如北京，有许多央企的总部，每个央企都有多个一级子公司、二级子公司和三级子公司。央企是大型集团企业，一直到三级子公司可能有数千家企业。因此，每个销售人员都需要按照这个方法，找到他们负责区域的所有客户清单。从整个销售团队的角度来看，需要把这些清单分配给每个销售人员，并制订具体的开发计划。

分析和筛选客户

　　在这个阶段，需要对客户进行细致入微的分析，以便找到销售线索。对大客户销售人员来说，这一点尤其重要。客户分析可以从以下维度进行。

　　1）**战略目标**。客户的战略目标是什么？他们想要实现什么目标？这对于制定销售策略非常重要。

　　2）**业务范围**。客户从事什么业务？他们的业务模式是什么？需要了解他们的业务情况，以便为客户提供相应的产品或服务。

　　3）**核心竞争力**。客户的核心竞争力是什么？他们在市场上的地位如何？了解客户的核心竞争力，有助于制定更加有效的销售策略。

4）**财务数据**。客户的财务数据包括营收、利润、现金流等。这些数据可以帮助了解客户的财务情况，以便为客户提供适当的解决方案。

5）**组织结构**。客户的组织结构是怎样的？他们的管理层级是怎样的？这些信息可以帮助销售人员找到适当的决策者，以便更好地提供产品或服务。

6）**文化氛围**。客户的文化氛围是怎样的？了解客户的文化氛围有助于更好地了解客户的需求和偏好。

7）**人才战略**。客户的人才战略是怎样的？他们有哪些优秀的员工？了解客户的人才战略有助于找到更好的销售机会。

8）**竞争对手**。客户的竞争对手是谁？了解客户的竞争对手有助于制定更加有效的销售策略。

9）**地域分布**。客户的地域分布是怎样的？这对于我们进行客户开发和销售分配非常重要。

10）**员工人数**。客户的员工人数有多少？了解客户的员工人数，有助于确定客户的需求和销售机会。

11）**预算**。客户的预算是多少？了解客户的预算有助于为客户提供更加合适的解决方案。

12）**合作历史**。客户的合作历史如何？是否曾经与我们合作过？了解客户的合作历史可以更好地维护客户关系，开拓销售机会。

为了更好地找到销售线索并提高开发客户的效率，客户分

析是一个非常重要的步骤，需要根据合作历史、个人资源、个
人特点、团队定位、公司案例、行业地位、员工人数、盈利情
况、企业性质等多个维度对客户的基本情况进行分析。这有助
于找到自己重点跟进的客户名单，并使销售人员的时间和精力
得到更好的利用。对销售人员来说，最宝贵的是时间和精力，
每天只有 24 小时，需要将它们花在"高价值客户"身上，才
能保证投入产出比最高。客户清单可以根据战略客户、重要客
户、普通客户进行分类。销售人员需要将大部分时间和精力花
在战略客户和重要客户身上。

接触、约访客户的方法

在对目标客户群体进行分析和分类之后，接下来的任务是
接触客户并邀约拜访。对很多销售新人来说，这部分工作可能
非常困难，很多人会在这一步失败。

要接触目标客户的联系人，首先需要了解谁是目标客户的
联系人。销售人员接触客户的方式有很多种，但总体来说，可
以归纳为以下几种。

老客户转介绍

老客户转介绍是一种非常好的接触客户的方式，因为老
客户和我们有合作基础，尤其是满意度比较高的老客户向自己

的朋友、同事介绍我们的时候，他们的朋友和同事对我们更信任，最终的签单机会也会更大。

除了老客户转介绍之外，也需要进行老客户深度挖掘，包括挖掘老客户的新需求和集团内其余机构的拓展。例如，与某集团客户建立合作，就可以推广至其二级子公司、三级子公司。

网络搜索

网络搜索是一种常用的接触客户的方法，许多企业高管的信息都可以在网络上搜索到。例如，接受第三方媒体采访、公司新闻稿或公众号文章提及、高管自己开设的自媒体账号、公司网站、上市公司财报等。搜索"××公司金融服务部"可能会找到"××公司金融服务部"的负责人××的讲话。如果能够找到联系方式，就更好了；如果找不到，也可以通过打公司前台电话联系。每个销售人员都要学会利用搜索引擎检索信息，这是一个非常好的工具。

市场活动

销售人员可以利用市场活动来接触潜在客户。市场活动可以采用以下几种形式。

第三方举办的活动、论坛、行业大会，如果有目标客户参与，可以去参加并交换名片。

公司举办相关的市场活动，通过市场的力量来大批量地影响潜在客户，也可以与某些协会或第三方机构合作举办，利用他们的客户资源和市场影响力。这种方式需要策划、执行和落地，要注意精心准备和宣传推广。

社交和招聘网站

目前一些社交网站，尤其是与职业相关的社交网站，比如赤兔、猎聘等上一定会有目标客户公司的人员，你可以在上面与其联系。

以上是常用的接触客户的方式。每个行业都会有自己特殊的找客户的方式。销售人员应该善于总结和学习，了解公司内的销售冠军是如何找客户的，然后快速模仿和复制。这是最高效的学习方式。

在此需要特别强调，销售人员要养成每天寻找新客户的习惯，例如每天花两个小时来做找客户的工作。虽然找新客户是销售人员不愿意做的事情，但这是最重要的工作，没有新客户，销售工作就无法开展。

对于 B2B 销售，电话无法沟通完成销售，必须面谈。在找到目标客户公司的联系人之后，接下来就是邀约拜访客户。若想邀约客户成功，需要先明确客户为什么要见你，给客户一个理由。如果你无法提供充足的理由，客户凭什么见你？需要展示你的价值，吸引客户接受你的拜访。

在衡量投入产出比的过程中，客户也会衡量见你的收益是否大于时间成本。客户愿意见销售人员，是因为他们相信与销售人员见面可以获得更大的价值。

在邀约陌生客户时，需要考虑客户的想法。客户会思考以下问题。

这个人是谁？怎么知道我的联系方式的？他提供的产品或服务与我有什么关系？能给我带来什么好处？他的目的是什么？是否值得我花时间见他？

因此，在邀约客户时，需要清楚地说明你的身份和目的、给客户带来的价值。这样可以增加客户对你的信任，提高邀约的成功率。

初次拜访，激发客户兴趣

拜访客户是销售人员日常工作中最为重要的一环，特别是在 B2B 销售领域。可以说，所有的销售动作都需要在拜访客户的过程中完成，因此拜访客户的质量和效果直接关系到销售业绩的好坏。为了更好地拜访客户，将其分为三个阶段：拜访前、拜访中和拜访后。在拜访前，需要进行一般性准备、客户信息准备、拜访目的的规划，以及拜访过程的提前演练等工作。

一般性准备

一般性准备，包括仪容仪表、心理准备、名片、小礼物、行车路线、公司宣传材料等准备工作，其中重要的几项如下。

1）**仪容仪表的准备**。销售人员的外表形象和气质代表公司的形象。第一印象的好坏 80% 取决于外表形象，包括服装、仪容、言谈举止和表情动作。销售人员应当保持行为庄重，选择适合的服装，以体现专业形象。对男性而言，发型和鞋子是需要特别关注的细节。

2）**心理准备**。积极的心态和坚定的信念是成功的关键，包括"相信公司、相信产品、相信自己"。销售人员的心理素质是决定能否成功的重要因素，保持积极乐观的心态至关重要。

3）**微笑的准备**。你希望别人怎样对待你，首先就要按照自己期望的样子对待别人。

4）**宣传资料和名片、见面礼的准备**。宣传资料、彩页、相关文件，以及样品都准备好。销售人员要带好名片，最好放在很容易拿出来的地方。销售人员如果准备了见面礼，出门前要检查是否带上了。初次见面，不建议带贵重的礼品。

5）**交谈工具的准备**。例如，笔记本和笔，需要播放的视频资料及播放工具，需要演示的电脑等。

6）**路线的计划**。有效拜访需要合理的路线规划，在出门前最好先设计好路线，综合考虑各种因素，规划出最佳路线。

客户信息准备

客户信息准备包括以下两个方面。

1）**客户分析。**按照本章第 3 节的内容进行客户信息收集和分析，可以从如下维度进行：战略目标、业务范围、核心竞争力、财务数据、组织结构、文化氛围、人才战略、竞争对手、地域分布、员工人数、预算情况、合作历史等。

2）**客户个人信息的收集。**客户的基本信息收集得越多，你对他的了解越多，你和他谈话的话题也就越多。客户个人信息收集表见表 2-1。

表 2-1　客户个人信息收集表

姓名	
性别	
职位	
生日	
教育背景	
职业经历	
家乡	
婚姻状况	
子女状况	
性格分类	

（续）

个性特点	
兴趣爱好	
关系阶段	
关系发展计划	

注：1. 性格分类，建议参考行为特质动态衡量系统（Professional Dyna-Metric Programs，PDP）进行分析，分为老虎、孔雀、猫头鹰、考拉 4 种类型。

　　2. 关系阶段，按照认识、互动、私交、同盟 4 个阶段来划分。

在开发客户阶段，信息收集不可能这么全面，这提供了一个工作方向和收集信息的维度。在与客户的接触过程中，要不断地收集这些信息。

拜访目的规划

拜访目的就是希望通过本次拜访实现什么目的，通常包含两个方面的内容：第一是希望收集哪些信息，从而为后续客户分析做准备；第二是与客户沟通并确定双方的下一步行动计划，这叫作行动承诺。行动承诺是每一次拜访需要实现的最终目的。因为只有行动承诺，才能推动项目进展。

拜访过程的提前演练

拜访客户之前，尤其是重要的拜访之前，提前规划整个拜访流程，准备相关内容，并提前演练，是保证拜访成功最重要的动作。

1）**寒暄**。寒暄话题的准备和演练。好的开始是成功的一半，以热情的口吻向客户问候，可用简短的话语直接将此次拜访的目的向客户说明。寒暄遵守的原则就是主动、热情、亲切、尊重。这样的话语容易拉近距离。

2）**开场白**。寒暄过后，需要提前准备好正式的开场白。开场白最重要的作用是开启正式的谈话和沟通，把控整个谈话节奏。

3）**第三方案例、公司、产品介绍等提前演练**。初次拜访客户，最好的方式是通过分享第三方案例来激发客户的兴趣。销售人员要准备好相关内容，并提前演练，确保客户现场万无一失。

4）**相关的问题清单**。提前准备好提问客户的问题列表用来收集客户信息，引导客户需求。

5）**预测可能提出的顾虑、反对意见及处理方法**。提前准备好客户可能关心的问题或者异议，并提前准备答案。

拜访过程把控

1. 销售中的开场白

开场白有一个固定的模式和套路，叫作"PPP"。

P（Purpose，目的）：本次拜访的目的是什么。

P（Process，过程）：本次拜访的日程安排是什么。

P（Payoff，收益）：通过这次沟通，双方的收益和好处是什么。

最后要跟客户确认这样是否可以。如果这样安排是可以的，就可以顺理成章地进入后面的案例分享和信息获取环节；如果客户回答不可以，一定是客户有特别想要沟通的话题，正好借此机会跟客户沟通。

正式的开场白会给客户一种比较正式和严肃的感觉，客户也会比较认真地与你沟通，尤其是在初次拜访客户时。

2. 初次拜访，激发客户兴趣

初次拜访客户，最重要的事情只有一件，就是激发客户对你和你公司的兴趣。这代表着客户有了想要购买的想法，并且你是被考虑在内的。不然，这个客户就永远是一个销售线索，而不是一个销售机会。

销售人员经常说，这个客户跟进好几年了，和客户关系很好，但始终签不下单来。这可能是因为客户没打算更换供应商。客户会对一家新的供应商感兴趣，主要出于以下两个方面的原因。

第一，客户对现有供应商不满意，希望寻找新的供应商来解决面临的问题。

第二，客户对现有供应商感觉还可以，但是你让他看到更好的未来，让客户感觉到现实和理想之前的差距，激发客户想要改变的欲望。

激发客户兴趣最好的方式就是利用第三方案例，在开发客户阶段，直接说中客户的痛点，有时候会比较唐突。

例如，你告诉客户，他太胖了，患心脏病、糖尿病等疾病的风险比别人高多了，客户可能会不高兴。

但是你和客户说，"我有一个朋友，身材肥胖，体检的时候身体各项指标都超标，因此他开始减肥和尝试更健康的生活方式，身体各项指标都明显好转"，客户就容易听得进去。

因此，每个销售人员都需要对公司的典型案例了如指掌，对于客户案例，最主要的是要了解以下方面的内容。

1）**客户的名称、双方的合作历史。**这是指客户公司的名称，以及和公司的合作历史。

2）**你以及你们公司是如何介入这个项目的，请描述项目背景。**这可以帮助你更好地理解项目背景，在与客户分享的时候，增加客户对你的信任感。

3）**客户的需求是什么？希望解决什么问题？**客户在与你合作之前，面临的问题就是客户想要解决的问题，这是客户的业务需求。

4）**客户为什么要做这个项目？**可以从两个纬度来分析这个问题。分别是项目成功能给客户带来哪些收益；如果客户在这个时候不做这个项目或项目延期，会有什么不好的影响。

客户对你感兴趣是因为你能够提供解决问题的方案，这个问题必须直接关联到客户的采购决策者。客户的采购决策者会考虑方案是否能够满足他们的需求，并解决他们面临的问题。他们会评估方案是否能够带来实际收益。

5）客户刚开始的想法是什么？打算怎么解决这些问题？客户刚开始是打算如何解决问题的？很多时候，客户想要的解决方案一般都不是销售人员提供的。

6）在客户的需求和想法方面做了哪些引导工作？

7）客户期望的理想结果或目标是什么样的？（可以理解成客户是如何来衡量项目成功的？）为了实现目标，客户在选择产品方案或供应商的时候看重哪些价值？例如，产品方案的具体要求、收益、供应商的战略重点、品牌、人员的能力、服务、合规、政策、长期或短期收益等。如何来衡量这些价值？

8）在这个项目上的主要优势是什么？竞争对手是谁？他们各自都有什么优势和劣势？

9）面对竞争，是如何应对的？从哪些方面影响了客户最终选择了我们？

10）对客户来说，这个项目往前推进面临的最大挑战是什么？

11）针对该项目，客户的决策流程是什么样的？都有哪些关键决策人？客户对我们的初始态度分别是什么？客户在这个项目上各自都看重哪些价值？从哪些方面影响客户？

12）项目交付后，客户在使用过程中的体验是什么样的？碰到了什么问题？你和团队是如何帮助客户解决的？

13）项目给客户带来的真正收益是什么？客户对此次合作

满意吗？还有后续项目吗？

14）本项目的最大难点是什么？成功最关键的因素是什么？

以上是一个成功案例的基本要素，每一个销售人员都需要对自己的开发体系或者行业典型案例了如指掌。这个项目也许不是你做的，但是你一定要了解得足够清楚，就像是你做的一样，只有这样你才能讲得生动精彩。需要特别说明的是，案例可以不是你自己做的，但一定得是你们公司的真实案例，不能欺骗客户。

拜访后的跟进工作

大部分销售人员在拜访客户之后，过了一段时间才想起来跟进客户。实际上，拜访客户之后还是有很多工作要做的，整体来说包括两大块：评估和跟进。

1. 评估

拜访结束，需要对整个拜访进行评估和总结，主要从如下几个方面进行。

1）**拜访目标是否实现？** 需要的信息是否都得到了？哪些信息得到了？哪些没有得到？还有哪些信息需要确认？

是否与客户商量好了下一步的行动计划？下一步的行动计划才是拜访要实现的最重要的目的。销售过程最好的状态是第一次拜访是预约的，以后每一次拜访和行动，都是上一次与客户见面的时候共同商议好的。只有这样，项目才能不断地往前推进。

需要特别说明的是，下一步的行动计划是需要客户参与进来的。邀请客户参观、体验和交流，准备好方案之后，让客户安排与其领导直接汇报等。客户参与进来，才能推动项目往前走。

如果没有与客户商量好下一步的行动计划，接下来怎么办？都需要通过评估来制定对策。

2）**客户的需求是否都了解清楚了？** 包括客户目前面临的问题是什么？是否可以满足客户的需求？是否对销售人员产生了兴趣？

这些都是非常关键的问题，因为只有确认客户对销售人员及其所在的公司产生了兴趣，才是一个真正有效的销售机会，否则就是销售线索。

只有明确了客户对销售人员的态度之后，才能确定这个客户下一步的跟进策略以及资源投入。如果发现这个客户不值得跟进，不符合理想客户画像，或者不是一个有效的机会，就应该果断地放弃，或者进入长期维系客户阶段，从而把资源投入到最重要的 20% 的客户身上。

2. 跟进

1）**跟进。**拜访结束之后，销售人员要及时跟进客户，可以通过微信等形式给客户写一封信，包括但不限于如下内容。

- 表示感谢。
- 对目前客户的现状和客户希望实现的目标的理解。

- 客户理想的解决方案是什么。
- 实现目标之后给客户的价值是什么。
- 下一步的行动计划。

2）**制定下一步的跟进策略。** 拜访客户之后要做的第二件事，就是根据复盘结果，制订下一步的跟进策略和计划。如果把客户按照金额、影响力和赢单概率分类的话，客户分类及跟进策略如图 2-1 所示。

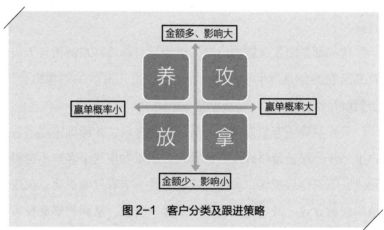

图 2-1　客户分类及跟进策略

对于金额多、影响大，赢单概率大的客户全力进攻，投入更多的资源支持、时间和精力。

对于金额多、影响大，赢单概率小的客户，整体的策略是养客，也许今年签单的概率小，但因为客户价值很高，需要通过市场活动、定期跟进等手段，慢慢寻找突破口，也许明年或者后年机会就来了。

对于金额少、影响小，赢单概率大的客户，只要确保顺利拿下就好了，同时由于客户价值不大，不要过度投入。

对于金额少、影响小，赢单概率小的客户，要果断放弃，不在这部分客户身上浪费时间，把这部分客户推给竞争对手，耗费他们的时间。

根据客户的分类分级，制定跟进策略，分配资源。例如，客户的总监，由销售总监负责跟进；客户的经理，由销售经理负责跟进；销售人员对接客户的负责人和执行人。除此之外，可以针对不同的客户安排相应的市场活动，通过市场的力量加速客户的转化。

销售拜访可以参考拜访准备表（见表 2-2）和拜访评估跟进表（见表 2-3）。

表 2-2　拜访准备表

事项	内容
一般性准备	公司宣传材料、套餐、名片、小礼物等是否准备好
客户公司背景	提前熟悉客户公司的业务背景
拜访目标和承诺目标	● 想要获取哪些信息 ● 想要实现的承诺目标
沟通过程准备	● **开场白**：尤其是 PPT 的提前准备和演练 ● **提问准备**：设计相应的提问点并进行演练 ● **呈现价值**：提前准备相关的内容（公司介绍、产品介绍、第三方案例）并进行演练

（续）

事项	内容
沟通过程准备	• **承诺目标**：提前设计获取承诺目标的方式，并进行演练 • **顾虑**：设计好排除顾虑的手段和方法（提前预测顾虑并做好准备）并进行演练

表2-3　拜访评估跟进表

检查事项	内容
需求	对客户需求是否都了解清楚
拜访目标和承诺目标	是否实现了拜访目标和承诺目标
销售机会判断	按照拜访结果，对销售机会进行判断：攻、拿、养、放
下一步的跟进计划	是继续跟进还是放弃

建立信任，赢得客户的信赖

建立信任是销售成功的关键之一，这需要销售人员在工作中表现出专业、诚信、负责等良好的素质，积极地与客户沟通交流，并始终关注客户的需求，帮助客户解决问题。此外，建立信任也需要时间和耐心，需要在和客户多次接触与交流中积累。因此销售人员需要有长远的眼光和计划，注重与客户的持久关系而非短期收益。

销售人员只有与客户建立起信任，才能更好地挖掘需求、呈现方案、商务谈判等。世界知名咨询公司麦肯锡，对"信任"给出了一个公式。这个公式把信任的关键要素以及之间的关系解释的比较清楚，也比较实用。

信任 =（可靠性 × 资质能力 × 亲近程度）/ 自我取向

树立销售职业形象

职业形象代表着销售人员的可靠性，可靠性是指销售人员做事情的可靠程度，客户对销售人员的工作能力和专业水平的认可。要让客户认为你很靠谱，销售人员可以从以下几个方面入手。

1）**职业形象和商务礼仪。**和客户见面的第一印象非常重要，良好的第一印象往往取决于销售人员的着装、言行举止等。销售人员应该穿着得体，尽量符合职业形象，给客户留下专业的职业印象。销售人员应该严格要求自己，无论是否有客户要见面，都应该穿正装，体现出对工作的严谨和敬业态度。

2）**坚守承诺。**每次承诺客户的事情，销售人员都应该兑现，如果无法做到，应该及时告知客户，并提供其他解决方案，以维护客户的信任。

3）**提供专业建议。**销售人员应该了解产品、服务、市场等相关信息，提供专业建议和解决方案，帮助客户解决问题，提高客户对销售人员的信任。

4）**反馈及时。**销售人员应该及时回复客户的邮件、电话等咨询信息，及时反馈工作进展情况，让客户感受到自己的专业性和负责任的态度。

掌握销售专业要求

资质能力在销售中可以理解为专业能力，代表着职业对销售人员的专业要求。让客户认为你很专业，是解决问题的专家，这是顾问式销售的核心，主要包括如下几个方面。

1）**行业经验**。拥有多年的行业经验，为同行业的客户服务，可以增加客户的信任。

2）**专业能力**。作为所在行业的专家，需要具备全面的知识和技能，不仅做产品专家，还要做真正的方案专家。

3）**对客户的业务有深刻理解**。销售人员需要深入了解客户的业务，与客户有共同话题，甚至给客户提供帮助和价值，才能增强客户的信任。

建立亲密的客户关系

亲近程度是指销售人员与客户之间的私人关系程度。在《输赢》一书中，作者付遥将关系的发展过程分为四个阶段：认识、互动、私交和同盟。

对于如何拉近与客户的关系，虽然很多人认为这是一门艺术，需要灵活和随机应变，但是经过多年的总结和提炼，我发现还是有一套完整的方法能够帮助销售人员快速提高拉近关系的能力。这套方法论的核心内容包括以下几点。

- 一个中心：以客户需求为中心。
- 两个基本点：痛点、痒点。
- 三种方法：投其所好、价值驱动、用心感动。

- 四个维度：领导、家人、朋友和自己。

这套方法论使拉近关系这件事情变得可以复制，帮助销售人员快速拉近与客户的关系。

一个中心：以客户需求为中心

"一个中心"是我们与客户的关系必须始终以客户的需求为中心。客户的需求主要分为两个方面：企业需求和个人需求。企业需求是指客户在其职位上想要实现的组织需求。需要特别说明的是，即使是企业需求，不同职位的客户对需求的侧重点也会有所不同。因为他们的职位和职责不同，企业对他们的要求也是不同的。个人需求则是指客户想要实现的个人目的，一部分个人需求可以通过满足企业需求间接满足。个人需求是客户最关心的，最能够激发客户兴趣的因素。

两个基本点：痛点、痒点

痛点和需求是两个不同的概念。痛点是指客户在特定情况下感受到的痛苦或损失，一定是与客户个人息息相关的。只有影响到个人的时候，才是客户最关注的。需求则是指客户在实现特定目标时，需要解决的问题或需求，是客观存在的事实。

另外，还有一个概念叫作痒点，是指客户想要的东西，但不是刚需，即便得不到满足，也不会给客户带来损失。但是得到满足，会给客户带来极大的满足感和愉悦感。痒点不能解决客户刚需，但能够让客户使用时方便、快捷、舒适、体验升级，但痒点发挥的实际作用不一定很大。

在销售过程中，了解客户的痛点和需求，并针对性地提供解决方案，可以有效提升销售业绩。挖掘客户的痒点，则可以为销售人员提供更多的销售机会。因此，对销售人员来说，理解痛点、需求点和痒点的区别非常重要，能够帮助他们更好地了解客户需求，满足客户期望，提升销售能力。

三种方法：投其所好、价值驱动、用心感动

1. 投其所好

投其所好是指了解客户的爱好并满足其需求。只有了解客户的兴趣爱好，才能更好地与客户沟通。例如，如果客户喜欢旅游，销售人员可以向客户了解旅行见闻，听取客户讲述旅途中的趣事，甚至邀请客户一起出游。有些销售人员可能对某些领域不擅长或不感兴趣，但仍然需要表现出对客户兴趣爱好的关注和热情。在与客户沟通之前，销售人员需要做足功课，了解客户的兴趣爱好，这是迎合客户兴趣爱好的关键。

在《输赢》中有这样一个场景：周锐和方威了解到涂主任的女儿读的是古典音乐专业，因此买了4张音乐会的门票。

"涂主任喜欢。"周锐看着音乐会目录，涂主任的女儿读古典音乐专业，他选了一场音乐会，买了4张连在一起的门票。

……

周锐拿出两张交给肖芸，自己留下两张寄给涂主任。

上面的场景，很多销售人员遇见过，但是只是买了门票送出去。周锐和方威的做法是不一样的，他们不但送给客户门票，而且给自己也买了2张，增加与客户沟通的机会。除了这一点，他们还做了如下工作。

方威本来对古典音乐一窍不通，今天却开了窍。为了和涂主任有共同语言，他买了一本肖邦的传记，整整看了一整天。钢琴曲变成血肉丰满的故事，方威听得入神，直到音乐戛然而止。他和涂主任读音乐学院的女儿聊得兴高采烈，肖芸插不上话。这人的音乐造诣这么高，居然说的这位音乐专业的女孩点头如捣蒜。

销售人员了解到客户的兴趣爱好之后，一定要提前做足准备工作，才能有良好的沟通效果。仅仅赠送两张音乐会的门票和看完音乐会之后能和客户聊得非常愉快，有知己的感觉，这是两个完全不同的境界。

2. 价值驱动

推进客户关系的第二种方式是价值驱动。这意味着你需要提供独特的价值给客户。

"物以类聚，人以群分"，意味着你的个人价值和特点将吸引类似的人。人脉的真正意义不在于你认识多少人，而在于你能够吸引多少人。

尽管人际关系在大项目采购中非常重要，但如果你的产品质量非常差，即使关系再好也不会有人愿意采购你的产品。在这种情况下，必须拥有一定的产品或服务质量，才能获得客户的信任和忠诚。

对销售人员来说，最重要的是思考你能够给客户提供什么价值。从广义的角度来考虑，价值包括以下几个方面：情感价值、知识价值、职位价值、娱乐价值和资源价值。

- 情感价值是指你与客户之间的情感联系，例如你与客户是亲人、同学或因兴趣爱好而结识的朋友等。
- 知识价值是指你拥有的知识和经验，能够帮助别人。例如，如果你具有法律知识，别人遇到问题可能会向你咨询。
- 职位价值是指你的工作和职位所具有的特权价值，例如您是一名医生，客户可能会请你提供帮助。
- 娱乐价值是指你的幽默和风趣，让客户觉得有趣，例如你可以分享一些趣事或者逗趣的语录。
- 资源价值是指你背后的资源。你的资源可以为客户提供更多的帮助和支持，从而体现你的价值。

销售人员在工作中不仅是产品和服务价值的传递者，同时也扮演着重要的价值创造者的角色。

　　首先，作为销售人员，你需要懂得如何协调公司的资源和自己的资源，为客户提供最大的价值。这包括客户的需求分析、市场调研、产品研发等多个环节。在客户需要的时候，你需要知道公司可以提供什么样的资源，如何去整合这些资源，为客户提供更好的解决方案。此外，你还需要整合自己的和不同客户的资源，为客户提供更多的价值。

　　其次，作为销售人员，你需要利用自己的知识和经验，为客户创造独特的服务体验。这包括了解客户的需求，根据需求提供个性化的服务方案，时时关注客户的反馈并及时做出调整。在这个过程中，情感价值也很重要。销售人员需要具备良好的情商和沟通能力，建立与客户之间的信任，提高客户的满意度和忠诚度。

3. 用心感动

　　推进客户关系的第三种方式是用心感动。这种方式要求销售人员学会关心客户，站在客户的角度考虑问题，提供个性化的服务，从而让客户感到真正被关心和关注。

　　一位记者在日本购买了一部"索尼"随身听，结果发现里面只是一个空壳，准备发表一篇批评索尼公司的文章，后来被索尼公司负责人找到并道歉，还送上了正品机和一封道歉信。这位记者深受感动，重新写了一篇文章，讲述了索尼公司的优质服务和道歉态度。

　　每一个销售人员都应该思考，如何用心服务客户，让他们感受到真正的关注和关心。在与客户沟通时，要耐心聆听客户的需求，积极解决客户的问题，主动为客户提供有价值的建议和帮助。只有用心服务客户，才能真正赢得客户的信任和满意度。让客户感动还有一个关键点是超出客户的预期。

四个维度：领导、家人、朋友和自己

　　推进客户关系可从如下四个维度入手。

　　1）**领导**。与客户进行深入的沟通，帮助他们取得领导的认可和信任，促进客户与领导的互动，获得客户的信任和支持。

　　2）**家人**。关心客户的家人，让客户感受到关注和关爱。例如，给客户的孩子买一个小礼物，这可以体现出对客户家庭的重视，增强客户的好感。

　　3）**朋友**。与客户建立真诚的友谊，参加他们的聚会、活动，与他们分享自己的生活和兴趣爱好，建立起共同的话题和兴趣爱好，加强与客户的情感联系。

　　4）**自己**。在与客户交往中，时刻关注客户的想法，从多个维度了解客户的需求，让客户感受到尊重和关心。在这个过程中，也是销售人员向客户学习最好的途径。

　　总之，建立和拉近与客户的关系，需要在多个方面展现出自己的价值和个人魅力。让客户信任和有好感，才能有效地推进项目并促成合作。

与客户达成情感共鸣

自我取向是指销售人员以自我为中心的程度。销售人员以自我为中心的程度越高，取得客户信任的难度就越大；反之，以客户为中心的程度越高，就越容易与客户达成情感共鸣。

如果销售人员过于自我关注，就容易忽略客户的需求和情感，难以建立起真正的信任关系。相反，如果销售人员具有良好的共情能力，能够从客户的角度出发，理解客户的需求和情感，并采取相应的行动来满足客户，那么客户就会感到非常舒适，并且更容易信任销售人员。因此，销售人员提高共情能力有助于建立良好的客户关系。

挖掘需求：触动客户内心的想法

需求分析的五个维度

对于销售人员来说，需求是一个经常使用的词汇，其包括多个维度。

在谈论顾问式销售时，可以参考知名的 IT 公司提出的需求模型。该模型详细阐述了什么是需求，以及需求包含哪些维度。需求模型如图 4-1 所示。

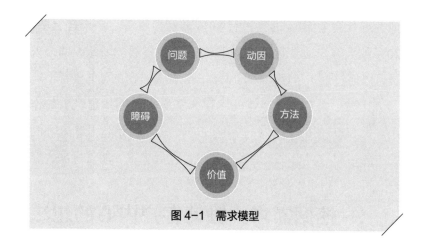

图 4-1　需求模型

问题

销售人员是帮助客户解决问题的。通常情况下，客户在购买产品或服务之前都会存在某种需要解决的问题或有一个想要实现的目标，因此需求往往是指客户存在的问题或目标。例如，客户需要买车是因为上下班路途远，不想挤公交、地铁，这是客户需要解决的问题。

问题和目标是相互联系的，它们是硬币的正反面，本质上都是指同一件事情。例如，当一个人突然感到身体不适时，他会去看医生来解决这个问题，让自己恢复到健康状态。如果这个人想要让自己的状态更好、更健康，就需要追求更高的目标，例如减重 20 斤，采取控制饮食、每天跑步 5 公里等措施。

问题和目标是客观存在的事实，不会因为销售人员想要向

客户推销产品或服务而改变。因此，销售人员需要了解客户的
问题和目标，以便为他们提供最好的解决方案。

动因

　　需求模型的第二个因素是动因或动机。客户有企业需求和
个人需求，动因更多地是指客户的个人需求，与客户的个人利
益密切相关。客户存在的问题并不一定需要解决，只有当问题
的影响足够大，大到让个人产生了痛苦，客户为了摆脱痛苦才
会产生解决问题的想法，这才有了动机。例如，客户对去年的
供应商不满意，不一定要换一家，只有当不满意的方面产生的
负面影响很大，发生了重大的投诉，导致负责人无法向领导和
员工交代，影响负责人的个人利益时，他才会产生更换供应商
的想法。

　　问题是客观存在的事实，但痛苦是个人的看法和认知，同
一件事情会给张三带来痛苦，对李四就没有任何影响。没有影
响就不会产生摆脱痛苦的想法，就不会产生动机。从目标的角
度来看，客户追求更高的目标一定是认为能够同时实现自己的
个人目标。为了实现个人目标才有想法，才会产生动机。

　　在 B2B 销售过程中，表现为企业需求和个人需求不一致，
供应商提供的解决方案可以很好地满足了组织需求，但是组织
目标的实现，不一定带来个人利益的满足，甚至还会损害个人
利益。如果是这种情况，客户肯定不会支持，甚至还会坚决的
反对。

张英是某知名外资企业的销售顾问，提供的服务是业务流程外包服务。张英接触过一个国企下属的设计院客户，主要洽谈的是设计院文印外包服务。设计院有很多图纸、文件需要处理，因此成立了自己的文印中心。文印中心作为设计院的一个子部门，有7~8名工作人员。

张英接触客户之后，根据客户的实际情况，提供了完善的文件外包服务解决方案，让客户把文印中心外包给张英所在的公司，设计院只需要提出需求即可。新的解决方案可以帮助设计院提高图纸、文件的处理速度和质量，比目前自有文印中心效率更高，业务部门的满意度也能得到提高，成本也会下降20%。按理说，这是一个非常好的解决方案，客户没有理由不接受。因为张英所提供的解决方案，可以很好地满足客户的组织需求，甚至无懈可击。

但实际情况是，文印中心的负责人尽管对张英礼貌有加，但是对方案却不置可否，不做任何推动。张英最终也没谈成这个项目。由于相处比较愉快，张英和负责人成了朋友，在一次聚会中，张英说出了自己的疑问，"我怎么计算都觉得出具的解决方案能够满足设计院的需求，为什么您这边就是不愿意推动？"

这个负责人说，"我给你讲个故事：我们单位食堂之前也是自己做的，后来外包给了一家公司，确实菜品、服务比自己做的时候好多了，但是之前负责食堂的人成了闲人，没事儿干了。虽然我们这样的单位不会开除人，工资还是照常发，但是他因为这件事情，整个人的状态都不好了。"

这时张英就明白了，解决方案虽然很好，可以满足设计院的组织需求，但是负责人担心会对他本人在单位的地位有影响，因为有食堂负责人的前车之鉴。

张英所在的公司给设计院客户提供的解决方案，很好地满足了组织需求，但是对客户负责人的个人需求是有损害的。这种情况下，客户负责人的反对就很容易理解了。

方法

需求模型的第三个因素为方法，其包含两个方面的含义。首先，需要了解客户目前采用的方法。其次，需要了解客户的新计划和想法，即客户为了解决问题或实现目标而打算采取的新方法。

对于如何解决面临的问题，客户一定会有自己的想法。这些想法也许很清晰，也许很模糊，但一定存在。销售人员需要做的是了解客户的想法和计划，并确保与销售人员提供的解决方案完美匹配，就像螺丝和螺母可以完美地拧在一起。

如果销售人员提供的解决方案与客户的想法不匹配，就需要引导客户，让客户的想法与解决方案一致，或者是改变解决方案以匹配客户的想法。如果这两点都无法实现，合作就无法达成。

客户的想法通常会以特别明确的要求体现，例如客户招标文件中的评分标准，符合标准则得分，不符合标准则不得分。

当销售人员刚开始接触客户时，客户提出这么明确的要求，往往说明客户对产品已经很了解，或者竞争对手已经和客户接触了很长时间，已经在客户心中占据了优势地位。这对销售人员来说可能并不是好事。

如果客户对解决方案的想法仅仅是一些想法或者不太具体的要求，如想要购买一个空间较大、售后服务良好的汽车等，说明客户可能还不是很熟悉或者没怎么接触过竞争对手，销售人员就有更多的时间和机会去做沟通，去挖掘客户的具体需求。

但无论客户的想法是具体的还是模糊的，销售人员都需要认真挖掘，才能为客户提供最佳的解决方案。最好的情况是，客户认为销售人员提供的解决方案与他们的想法不谋而合，甚至认为这是他们自己想出来的，这样客户才会更容易接受方案。

价值

在大多数 B2B 销售中，只要在客户的预算范围内，价格通常并不是一个重要的问题，除非客户根本就没有足够的资金购买。但是，经过分析和比较后，客户认为你和竞争对手的销售方案没有体现出价值上的差异点。也就是说，你的方案不足以说服客户支付额外的费用。客户在选择时遵循了同质价优的原则，而这种选择与价格本身并没有直接关系。你的失败在于未能提供区别于竞争对手的差异化价值。

因此，作为一名 B2B 大客户销售人员，你需要把精力放在如何为客户创造价值上，而不是仅仅提供更低的价格。你需要思考如何为客户提供与竞争对手不同的、更有价值的解决方案，以满足客户的需求并提高客户满意度。这可能需要你更深入地了解客户的需求和行业趋势，积极探索并提供创新的解决方案。通过这种方式，你可以在竞争激烈的市场中获得成功，并与客户建立长期的合作关系。

在 B2B 大客户销售中，客户购买的根本逻辑是获得的价值大于其付出的成本。客户感受到的价值主要来自公司实力、产品服务、价格和独特的个人体验等。企业实力越强，客户风险越小，这提供了安全价值。产品和服务给客户带来的价值是客户感受到的重要价值点，商务价格是客户付出的成本。销售人员给客户带来的独特价值体验则是个人价值。

在销售过程中，销售人员需要花更多的时间和精力去了解客户的业务和需求，给予中肯的建议，提供更多的帮助和增值服务，创造更多的价值，而不是降低价格。

障碍

在推进项目的过程中，可能会出现阻碍，我们称之为障碍。这些障碍的出现可能是由于产品和服务无法满足客户需求，也可能是由于客户组织中的某个人支持竞争对手，甚至可能是由于客户担心选择我们会带来风险。

在项目前期，客户通常会考虑解决方案为其带来的价值，但随着项目推进到后期，客户更多地开始关注可能带来的风险。因此，作为 B2B 销售人员，需要了解并预见这些潜在障碍，积极采取措施去解决它们，以保证项目的顺利推进。

洞悉客户需求和痛点

问题、动因、方法、价值、障碍是需求的五个维度，销售人员只有了解到客户需求，才能更好地向客户证明自己的价值。客户需求对销售人员来说至关重要。

挖掘需求是销售人员需要掌握的重要技能之一。顾问式销售大师尼尔·雷克汉姆用了 10 多年追踪了几万个项目，归纳和总结出了 SPIN 销售方法论。

SPIN 销售方法论的核心是通过提问的方式来引导销售过程，了解客户的需求，并提供相应的解决方案。在销售过程中，销售人员首先要了解客户的现状，然后通过提问了解客户的问题，进一步探究问题产生的影响和后果，最终提供解决方案。SPIN 销售方法论分为以下四个步骤。

1）**现状问题**（Situation Question）。销售人员通过提问，了解客户的现状和背景，发现可能存在的问题。问题才是销售的开始。

2）**难点问题**（Problem Question）。销售人员通过提问了解和确认客户所面临的具体问题和困难。只有找到客户问题，才能推动项目继续进行。

3）**影响问题**（Implication Question）。销售人员通过提问扩大问题产生的影响和后果。这些影响可以是直接的经济影响，也可以是间接的影响，如影响客户的声誉、形象等。只有影响足够大，客户才会产生改变的动机。

4）**需求效益问题**（Need-Pay off Question）。销售人员通过提问的方式呈现解决方案所带来的效益和回报。提问的方式可以让客户认为是自己得出的结论，而不是销售人员强加给自己的。

顾问式销售技巧的核心是通过倾听和提问的方式从客户的现状发现目前存在的问题，扩大问题产生的影响，让客户产生痛苦，最后提供解决方案。问题是客观存在的，但是痛苦是个人感受。要做到这一点，可以采用两种方式：一种是陈述，直接告诉客户，采用 SPIN 销售方法论的逻辑给客户写方案就是这种方式，有效果但不会很好；另一种是通过提问的方式，让客户自己得出结论，客户认同程度会更高。

第 5 章

我贵我值：向客户证明价值

在谈到呈现价值时，许多销售人员认为这非常简单，因为他们每天都需要向客户介绍公司和产品。然而，很多销售人员以自己说话的能力为荣，导致在 1 个小时的拜访中，客户只说了 10 分钟，而销售人员大部分时间都在说话。

客户经常会问："您的优势是什么？"很多销售人员多次回答这个问题，热情地赞美公司的成就，但是这样的说辞真的能打动客户吗？应该设身处地为客户着想，销售人员应该更加注重客户的感受，而不是只说自己想说的话。

当销售人员在向客户介绍公司和产品时，首先了解客户需求是至关重要的。因为只有了解客户最需要什么，才能更有针对性地介绍公司及产品。其次在介绍公司及产品时，应该根据客户的兴趣点有重点地介绍，这样能更好地满足客户的需求。
最后将产品和服务与客户需求联系起来。在了解客户需求后，
需要将产品的特性与客户需求相匹配。只有当公司和产品的特
点能够满足客户需求时，这些特点才能成为优势。

启用 FABE，为你的产品插上翅膀

FABE 是销售领域常用的销售技巧，它代表着特征
（Features）、优势（Advantages）、利益（Benefits）和证据
（Evidence）。这一技巧旨在帮助销售人员更好地描述产品或服
务的价值，并与客户的需求对接。

下面是使用 FABE 的示例。

1）**特征**（Features）。特征是指产品或服务的具体属性和
功能。这些特征是客户在购买决策过程中所能看到和触及的方
面。例如，一款智能手机的特征包括屏幕尺寸、处理器速度、
摄像头像素等。

2）**优势**（Advantages）。优势是指产品或服务的特征所带
来的好处和优点。销售人员需要将产品特征与客户需求和期望
相连接，说明这些特征对客户有何益处。以智能手机为例，一
个优势可能是高像素的摄像头，使客户能够拍摄更清晰、更漂
亮的照片。

3）**利益**（Benefits）。利益是指客户在使用产品或服务时

所能获得的实际收益和价值。销售人员需要将产品的优势转化为客户的利益，并突出强调这些利益对客户的重要性。在智能手机的例子中，利益可以是客户能够记录珍贵的回忆并与朋友分享。

4）证据（Evidence）。证据是指为所声称的特征、优势和利益提供支持的实际证据或数据。销售人员可以提供相关的案例研究、用户反馈、测试结果等，以增强客户对产品的信任和认可。

通过运用 FABE 技巧，销售人员能够以客户为中心，将产品的特征转化为客户所关心的优势和利益，并提供实际证据来增强其说服力。这样做不仅能够更好地满足客户需求，还能够提高销售人员的销售效果和业绩。

FABE 看似很简单，但要想用好，并没有那么容易，请看下面的故事。

一只猫非常饿，想大吃一顿，这时销售员递过来一些钱，但是这只猫没有任何反应——这些钱只是一个属性（Feature）。

猫躺在地上非常饿了，销售员过来说："猫先生，我这儿有一些钱，可以买很多鱼。"买鱼就是这些钱的作用（Advantage），但是猫仍然没有反应。

猫非常饿了，想大吃一顿。销售员过来说："猫先生请看，我这儿有一些钱，能买很多鱼，你就可以大吃一顿了。"可以大吃一顿，就是这些钱带来的利益（Benefits），猫有些心动了，但还是没有行动，因为猫不太相信。

猫非常饿了，想大吃一顿。销售员过来说："猫先生请看，我这儿有一些钱，能买很多鱼，你就可以大吃一顿了。你的女朋友刚才就买了很多鱼，刚刚吃完。"话刚说完，这只猫就飞快地扑向了这些钱。女朋友刚吃完，就是销售人员提供的证据（Evidence）。这就是一个完整的 FABE。

猫吃饱喝足了，需求也就变了——它不想再吃东西了，而是想见它的女朋友了。那么销售员说："猫先生，我这儿有一些钱。"猫肯定对此没有反应。销售员又说："这些钱能买很多鱼，你可以大吃一顿。"但是猫对此仍然没有反应。原因很简单，它的需求变了。

这个故事生动地诠释了 FABE 技巧的核心，也就是了解客户的需求，因为只有这样才能确定客户的利益所在。技巧的好坏并不是最重要的，重要的是是否好用。不同人使用同样的技巧也会有很大的差别，差别在于对客户需求和利益的识别。只有深入了解客户的需求，才能更好地使用 FABE 技巧，达到销售的目的。

第 6 章

SALES
EXCELLENCE
A Guide to Career
Advancement from Sales
Novice to Sales President

促成交：销售中的临门一脚

单子不是逼出来的

需要思考一个问题，成交到底是客户自然而然做出的决定，还是销售人员逼客户选择的？在小项目销售中，可能会存在销售人员逼单的情况，但是在 B2B 大客户销售中，基本上不存在逼单的情况。因为大客户一般有完善的采购流程和决策程序，销售人员需要持续地和客户沟通，提供专业的解决方案，建立长期的信任。最终的成交是客户自身需求和利益的匹配结果，而不是被销售人员逼出来的。

首先，对大客户销售而言，逼单并不是一个可行的策略。因为大客户的决策过程是集体决策，最终的结果是通过协商和达成共识来实现的，单靠一个销售人员的逼迫是不可能成功

的。而且，在大项目决策中，关键决策人通常都是具有很高的
职位和经验的人，他们不会轻易受到销售人员的逼迫。

因此，销售人员应该注重与客户建立良好的关系，理解客
户的需求和痛点，提供有针对性的解决方案，促进客户做出决
策，并让客户意识到自己的选择是正确的。这样做才能够在大
客户销售中获得成功。

另外，一个项目没有进展也可能是因为销售人员没有充分
了解客户需求，或者没有正确地将产品或服务的优势与客户的
需求联系起来。因此，销售人员在销售过程中需要不断地与客
户沟通，确保自己的方案能够真正地满足客户的需求和利益，
并及时解决客户的顾虑，才能促进成交。销售人员需要在每一
次沟通中，不断地推进项目，直至签单。为了更好地实现这一
目标，销售人员需要将从开始跟客户接触到最终签单的整个过
程分成不同的阶段，并设定小的项目里程碑。就像参加马拉松
一样，全程 40 公里可以分为 8 个 5 公里的路程，以跑 5 公里
的心态，分 8 次跑完整个马拉松。通过设定里程碑，销售人员
可以更好地掌握销售进程，不断地推进项目，以满足客户需求
为最终目标。

借助行动承诺推进订单

在 B2B 销售过程中，客户是推动项目进展的关键，而不
是销售人员，尤其对于大项目而言更是如此。一个项目从开始

接触到最终签约，往往需要 2~6 个月，甚至更长时间。在这个过程中，销售人员实际能够拜访客户的次数有限，即使每周拜访 1 次，每次 1 小时，一个月只有 4 个小时，3 个月也只有 12 个小时，但是客户决策却需要花费很长时间。因此，销售人员的作用是影响客户的关键决策人，然后由这个关键决策人来推动项目的进展。

为了影响关键决策人，销售人员不能开始就要求签合同，这就像男女之间的恋爱一样。如果一个男生在第一次见面就直接向女生求婚，那么很可能会被女生拒绝。相反，男生应该通过多次约会和交流，让女生逐渐认识自己，建立起感情，然后再提出结婚的想法。同样的道理，销售人员需要通过多次沟通和交流，建立起客户信任，了解客户的需求和顾虑，提供专业的解决方案，并逐步推进项目，直至最终签约。

男生（销售人员）追求女生（客户），最终的目的是结婚（签单），他们认识之后，大致的里程碑分为以下阶段。

认识： 通过某种场合认识，可以是朋友介绍，也可以是工作关系等。这个时候，只是点头之交。

吃饭： 男生单独请女生吃饭，两个人如果能单独吃饭，说明关系近了一步。这里的吃饭指的是晚饭，因为午饭往往类似于工作餐。为了达到这个目的，男生可能要先创造一起吃午饭的机会，然后再慢慢地约女生吃晚饭。

约会：晚饭时聊得很愉快，双方会开始约会，如看电影、一起去游乐场等，到了这一步关系会更近一层。

肢体接触：双方约会几次，开始慢慢有了肢体接触，如牵手等。

见家长：等到时机成熟，女方愿意跟自己回家，也愿意带着男方去见自己的父母。

求婚：男方向女方求婚，女方答应。

父母见面：到了谈婚论嫁阶段，双方父母初次见面。

领结婚证：成为法律上的夫妻。

婚礼：确定婚礼细节，举办婚礼。

以上是男女从认识到结婚的阶段划分，包括 9 个大的阶段和里程碑。双方认识之后，男生为了推进关系，一定是想着先单独吃饭，不熟悉的时候，直接邀约女生看电影也会被人认为不礼貌。顺着这个里程碑，一步一步走到最后。销售过程也是一样的，初次拜访客户之后，可以要求客户带你去见相关部门的同事、带你去见领导、邀请客户参观公司、双方开技术交流会等，最后才是要求签合同。这是一环扣一环的，而且中间的每一步都是需要客户付出成本的。只有客户也同样付出，才能真正推动项目。女生愿意带男生见父母，一定是内心认可男生的，而且需要跟父母介绍，甚至帮着男生说好话。同样，客户愿意带你见领导，他也需要跟领导介绍你的情况，还得冒着一定的风险，这就是客户的行动承诺。

行动承诺是指客户为了推动项目成功，承诺要采取的具体行动。需要强调的是，行动承诺不包括客户的本职工作，如组织招投标等。客户的行动承诺如下。

- 领导在下周二上午有空，可以邀请你过来汇报项目进展情况。
- 下周四下午可以到我们公司参观，了解我们的生产流程。
- 可以安排专家与你们技术部门进行技术交流，以提升项目的实施效果等。

每次销售人员拜访客户后，都应该争取获得客户的行动承诺。行动承诺包含以下要素。

- 时间：具体的时间点或时间段。
- 地点：行动承诺的具体地点。
- 人物：参与行动承诺的相关人员。
- 行动：具体要实现的行动。
- 结果：希望达到的结果。

通过争取客户的行动承诺，销售人员可以逐步推进项目，促成最终的成交。关于行动承诺，需要注意以下几点。

行动承诺必须是具体的、可操作的，而非口头承诺。客户说一些表面客套的话，并不能代表客户真正的态度和想法。因此，行动承诺应该是客户即将采取的具体行动。行动承诺是客户付出成本的承诺。客户在付出时间成本、精力成本、面子成本之后，会更倾向于支持你。

销售人员需要避免客户做出虚假的行动承诺。只有客户真正采取了行动，才能推动项目的进展。行动承诺对于缩短销售周期和检验客户的真实支持度都有很大的作用。

首先，要求客户尽快采取行动是很重要的，如果客户只是回答"我知道了"或"我们再考虑考虑"，很可能导致销售中断或销售周期延长。但是如果客户愿意给你承诺，就会推动项目进行，从而缩短销售周期。

其次，行动承诺可以检验客户是不是真的支持你。当你向客户提出某个要求时，客户如果积极配合，说明他是真的支持你。如果只是嘴上说支持你，但是当你要求参观或者技术交流时，他说忙或时间排不开，那么客户只是在敷衍你，不是真支持你。

推进成交的七种方法

既然行动承诺如此重要，为了更好地促进成交，我总结了一些经验和技巧。

技巧一：　案例成交法

案例成交法是利用第三方案例打动客户，从而推动订单的方法。这种方法能够顺应人们的从众心理。客户往往好奇别人是怎么做到的，尤其是那些和自己类似的公司或者竞争对手。但需要强调的是，案例成交法并不是万灵丹。对那些个性较强、倾向于独立判断的客户，这种方法效果并不好。

在使用案例成交法时，必须确保出示的文件、数据真实可信，采用的方式必须以事实为依据，切勿凭空捏造。在销售过程中，诚实和真诚是非常重要的品质。

技巧二：承诺成交法

承诺成交法是一种促进成交的方法，是指销售人员在交易后针对具体的服务水平和条款进行承诺，并尽可能在合同中体现，从而打消客户的顾虑。通常，销售人员会使用具体的案例来说明服务的质量和效果，以此打动客户，促进订单的达成。承诺成交法的使用需要考虑多方面的因素，如与客户的信任程度、客户的性格特点等，以确保承诺的可信度和有效性。在面对强势的客户负责人时，需要向其表达服务承诺，以满足其要求；对于柔弱、犹豫不决的客户负责人，可以使用承诺成交法来给予客户更多的安全感和信心，帮助客户做出决策。

客户在决定购买服务时不仅会考虑利益，还会考虑项目可能带来的风险。这时销售人员需要针对客户的顾虑提供解决方案并承诺，以打消客户的疑虑。这也是承诺成交法的有效应用之一，能够缩短客户的采购周期。

在提报方案后，销售人员需要及时与客户沟通方案内容，提出承诺并在合同中落实，通过承诺帮助客户重新回顾方案重点，更好地说服客户。

技巧三：逐步渗透法

在实际销售过程中，即便是前期做了很多工作，项目操作得比较好，也很难在一开始就把项目全部签下来。逐步渗透法是一个难度较小且可行的策略，即先建立部分合作，逐步扩大自己的份额。以员工福利行业为例，销售人员可以向客户提供如下方案：在保留现有供应商的同时，把自己所在公司加进去，供员工选择。

客户通过增加供应商使它们互相竞争，提高了服务品质，员工可以按照自己的喜好选择合适的供应商，满意度更高。在项目操作的过程中，如果没有把握全部拿下项目，就应该专心攻克一部分胜算较高的项目，先取得一部分项目，未来再扩大合作范围。

建立合作关系后，无论成交金额大小，客户都不再是潜在客户。在逐步渗透过程中，要善于倾听客户的需求和反馈，并及时做出相应的调整和改进。这样可以加强与客户的信任和合作关系，进一步提高项目的成功率和销售的效率。

技巧四：假设成交法

假设成交法是指在销售过程中，假定客户已经做出了成交决定，主动调整沟通内容，讨论成交后的服务阶段的相关事项，从而影响客户决定的一种方法。

这种方法的优点显而易见：首先，它能够直接引导客户进入实质性的讨论阶段，而且客户不容易感到被逼迫，从而降低客户的排斥感；其次，通过逐步深入地提问，可以提高客户的思维效率，让客户能够顺着我们的话题思考，同时也能从另一个角度发现客户可能存在的问题；再次，它能够引导客户做出回应，从客户的回应中，销售人员可以了解客户的态度和意见；最后，它可以节约沟通时间、提高效率，同时也可以减轻客户的心理压力，形成良好的销售气氛，将客户的成交信号直接转化为行动，促进成交。

需要注意的是，销售人员在使用假设成交法时，需要根据客户的反应及时调整沟通内容，而不是僵持在一个问题上；同时，也要尽可能避免让客户感到被逼迫或者不自在，提高客户的满意度和信任感，这样才能建立长期的合作关系。

假设成交法是一种有效的销售技巧，但是在应用时需要注意其缺点和关键因素。其缺点在于可能会给客户造成过大的成交压力，破坏销售气氛，不利于处理客户异议。因此，销售人员需要了解客户的真实想法，并针对不同客户采用不同的销售技巧，以产生更好的效果。关键因素包括适用性、前期铺垫、寻找成交信号和使用自然温和的语言，以创造轻松的销售气氛。

在实际销售过程中，销售人员可以运用假设成交法切入销售话题，通过针对客户的具体需求，提供相应的解决方案，并创造合适的气氛。

总之，假设成交法可以作为一种有效的销售技巧，但需要根据客户的情况进行细致的分析和应用，才能取得好的销售效果。

技巧五：请求成交法

请求成交法也称为直接成交法，是销售人员向客户直接提出购买产品的请求，是一种快速促进成交的方法。使用请求成交法需要根据实际情况提前总结话术，并在客户比较信任销售人员、愿意与其合作的情况下使用。

在使用请求成交法时，销售人员可以通过直接提出成交请求或者利用优惠成交法等方式，实现成交目的。请求成交法的优点包括快速促进成交、充分利用各种成交机会、节省销售时间、提高工作效率和体现销售人员的灵活性和主动进取的销售精神。

请求成交法可以是一种非常有效的销售技巧，但如果应用的时机不当，可能会给客户造成压力，破坏成交气氛，反而使客户产生一种抵触成交的情绪，也有可能使销售人员失去成交的主动权。因此，在使用请求成交法时，需要提前了解客户的性格特点，以及你们之间的关系程度，以便确定是否适合使用请求成交法。

技巧六：选择成交法

选择成交法是一种有效的成交方法，适用于销售人员为客户设计有效成交的选择范围，让客户在范围内选择成交方案。在向客户提供选择时，应避免提出太多的方案，最好只有两项或三项，以尽快促进成交。在实际销售工作中，选择成交法经常使用，并且具有明显效果。销售人员通过限定客户的选择范围，调动客户决策的积极性，并控制客户的决策范围，使客户能够做出满意的选择。

举例来说，"你的西装是选配一条还是两条领带呢？"或"你是要红色的还是黑色的？"这样的提问方式都体现了选择成交法的要点，让客户回答"要 A 还是要 B"的问题，避免了"要还是不要"的问题，从而提高了成交的可能性。

值得注意的是，选择成交法的成功运用需要根据实际情况灵活处理，销售人员应该了解客户的需求和喜好，并结合产品特点和竞争对手的情况，设计出最有利于促进成交的方案选择范围，以提高成交的成功率。

选择成交法是一种让客户在成交范围内进行成交方案选择的方法。它需要正确地分析和确定客户的真正需求，提出适当的选择方案，明确选择优势，以促进签单。运用选择成交法可以让销售人员掌握主动权，留有一定的成交余地，从而更加灵活地推动签单。

技巧七：优惠成交法

优惠成交法是销售人员通过提供有利于客户的交易条件来促成交易的方法。这种方法充分利用了客户在购买产品时希望获得更多利益的心理，通过让利销售的方式来吸引客户达成合作。销售人员可以提供多种不同的优惠条件，如价格折扣、增值服务、赠品等，以此来满足客户的需求，促进成交。优惠成交法可以让客户感觉得到了更多实惠，从而提高他们的满意度，同时也可以提高销售人员的成交率和客户留存率。

这里有一个重点，就是客户希望获得更大的利益。什么叫更大的利益？产品的功能、服务和价格如图 6-1：

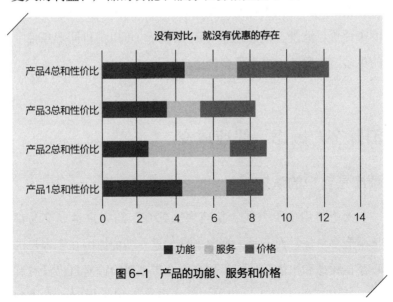

图 6-1　产品的功能、服务和价格

没有对比，就没有优惠的存在。那么在什么情况下使用优惠成交法呢？以下是几个需要注意的情景。

首先，客户需要有需求和购买欲望。如果客户没有需求，优惠也不会起到作用。

其次，客户需要认同产品本身的价值。这个价值认同不仅是认同产品本身的市场价值，还需要认同对应的市场定价的合理性。

再次，客户处于成交前临门一脚的状态，此时给予优惠更有助于促成交易。如果一开始就直接给予优惠，就会降低产品的价值感。

最后，优惠必须是客户认可的，并且优惠不只局限于价格。给客户提供的价值必须是客户认可的价值，要以客户的角度来评价。此外，优惠也不一定要降价，可以提供同等条件下的更多增值服务，提供更多价值。

消除客户顾虑，快速成交

顾虑是客户的认知

无论使用多少方法、技巧多么熟练，与客户达成交易都是小概率事件，而不是大概率事件。这一切的原因在于客户内心存在顾虑和担忧，他们害怕合作会带来风险或对自己没有利益。这是因为他们认为购买产品或服务会损害他们的个人利益。因为虽然采购是由组织进行的，但是实际的决策者是具体的个人。

销售过程中客户是否会成交，主要取决于客户是否存在顾虑和担忧，顾虑源于客户对采购可能带来的风险、额外支出的担忧，以及对个人利益是否会受到损害的认知。这种认知是客户个人的，不同人对同一事实的感受会有所不同。因此，在销售早期，客户更多地关注产品和服务是否能满足需求，以及所带来的利益，而后期则更注重项目风险和额外支出，从而产生顾虑。需要注意的是，客户的顾虑不是针对组织而言的，而是针对具体的人。销售人员需要通过正确的沟通，消除客户的顾虑，从而促进成交。

电影《寻龙诀》中有一段对话真实地反映了这一情境。

舒淇："人们看到的东西，不是眼睛决定的，而是脑袋决定的。"

陈坤："我明白你的意思。我认为你漂亮，并不是客观上你漂亮，而是我心里认定你漂亮。"

人的思考方式和认知是影响其行为和决策的重要因素。同样的事情，在不同的人眼里，意义和价值是不同的。一家公司的服务，对有些客户来说，可能是非常好的，而对另一些客户来说，可能会有不满意的地方。这是因为每个人对服务的需求和期望是不同的，因此会对同样的服务有不同的看法。在销售过程中，理解客户的认知和思考方式，帮助客户树立正确的认知，可以提高销售的成功率。对事物的认知比事物本身要重要得多，但也正因如此，销售人员的工作才有了方向，因为客户的认知是可以改变的，具体的事实无法改变。

客户顾虑的 6 个阶段及应对策略

史蒂夫·E·黑曼在《新概念营销》一书中，把客户顾虑按程度分为 6 个阶段，分别是犹豫、疑问、反对、敷衍、争论和抵触。销售人员对于不同的阶段，应采取相应的应对策略。

对于处于犹豫阶段的客户，销售人员应该主动引导，提供更多信息，强化产品或服务的优势，以便客户更好地理解产品或服务，从而消除顾虑。销售人员可以通过提供证据、实例或者引用客户的成功案例等方式进行引导。

当客户处于疑问阶段，销售人员应该主动发现和回答客户的问题，帮助客户更好地理解产品或服务，并通过提供更多的信息来消除客户的疑虑。可以采用问答交流的方式，让客户在对话中逐步得到答案，从而增强客户的信任感。

如果客户处于反对阶段，销售人员需要积极倾听客户的声音，了解客户的需求和顾虑，进一步强化产品或服务的优势，同时也要理解和尊重客户的立场。销售人员可以通过与客户讨论并提供解决方案来消除客户的反对意见，同时也要对客户的疑虑予以耐心解释和解答。

当客户处于敷衍、争论和抵触阶段时，销售人员需要主动寻找突破口，重新建立对话，理解客户的需求和顾虑，并提供有针对性的解决方案。企业也可以通过更换销售人员、找到其他负责人或者提供更多的增值服务等方式，重新争取客户的支持。

总之，消除客户的顾虑需要有耐心、细心，理解客户的需求和顾虑，并提供有针对性的解决方案。只有这样，才能让客户更好地理解产品或服务，从而促成交易。

处理客户顾虑的步骤

处理客户顾虑有以下 5 个步骤。

第一步，认真倾听：认真倾听客户的问题和顾虑，让客户感受到被重视，能够平复情绪。

第二步，表示理解：展现同理心，让客户感受到被理解，更容易接受解决方案。

第三步，寻找原因：探究顾虑背后的真正问题和原因，为解决问题提供更有针对性的方案。

第四步，给出方案：提出解决方案，并强调方案对客户个人利益的价值和作用，打消客户的顾虑。

第五步，再次确认：确认客户的问题是否得到解决，客户的个人利益是否得到满足，防止因"自以为"而导致项目风险。这个步骤是关键的收尾环节。

这 5 个步骤为解决客户顾虑提供了一个清晰的框架，能够有效地帮助销售人员应对客户的顾虑和问题。在运用这些步骤的过程中，也需要注意客户的个性和需求差异，因此每个步骤的具体实现方法可能因人而异。最终目的是满足客户的需求和利益，同时确保项目的顺利进行和客户满意度的提高。

一旦成功打消客户的顾虑，签单就会变得轻而易举。对销售人员而言，签单是最终的目标。然而，仅仅签单还不足够，销售人员还要确保签的单是好单。更进一步的，销售人员需要在签单的基础上追求签更大的单，这才是真正的成功。因此，销售人员不仅要会签单，还要会签好单和签大单。

第 7 章

SALES
EXCELLENCE
A Guide to Career
Advancement from Sales
Novice to Sales President

成为大客户销售人员

销售人员的职业发展道路大致分为两条：第一条是成为销售管理者，从销售代表到销售经理、销售总监、区域总经理、销售总裁，一步步晋升；第二条是成为大客户销售人员，这是两条不同的职业发展道路。

什么是大客户

在销售领域，大客户销售是指专门负责大客户的销售人员或销售团队所进行的销售活动。与一般的销售不同，大客户销售需要对客户进行更深入的了解和研究，制定更个性化和专业化的销售策略和方案，以达到更高的销售目标和客户满意度。

大客户销售需要与客户建立长期的合作关系，维护和巩固客户的忠诚度和信任度，从而为企业的长远发展提供稳定的支持和保障。

大客户是对企业和个人的生存与发展起着举足轻重的作用的客户，又称为重点客户、关键客户或核心客户。对销售人员来说，大客户是完成任务的关键。因此，大客户的定义是相对的，不同的行业、区域和业务模式都会对客户规模产生影响。

大客户通常是少数的龙头客户，能为企业当前和未来的利润做出贡献，是企业业务拓展的重要方向。在界定大客户时，不仅要考虑现有的合作规模，还要考虑未来的合作潜力，以充分挖掘大客户的价值。企业需要根据自身业务的实际情况，确定大客户的边界。特别需要注意的是，潜在客户虽然初步合作规模较小，但未来的合作潜力很大，也是需要重点发展的客户。

为什么要成为大客户销售人员

对想要在销售领域获得长远发展的职业人士来说，成为一名大客户销售人员是必然的选择，原因有以下两点。

首先，"二八法则"强调销售人员抓住最重要的 20% 的大客户的重要性。这一法则源于意大利经济学家帕累托的观察，他发现社会上 20% 的人占有 80% 的社会财富。在销售领域，20% 的大客户通常贡献了企业 80% 的销售额。因此，销售人员可以通过聚焦于这 20% 的大客户，提高自己的销售业绩。

其次，大客户在企业的生存和发展中起着举足轻重的作用。大客户往往是少数的龙头客户，是企业当前以及未来利润的主要来源。对想要长期发展的销售人员来说，通过发展大客户，可以获得更多的销售机会和业务拓展空间。

综上所述，成为一名大客户销售人员可以实现更好的销售业绩，同时也能够促进企业的生存和发展。

根据"客户让渡价值"的公式，对提供简单、同质化产品的企业来说，选择的是通过不断压缩成本的方式为客户提供价值，如电商平台通过砍掉中间商、降低营销成本，从而使价格更加亲民，并通过高效的物流服务为客户送货上门，减少客户等待时间和体力成本。这个趋势就是电商化。在电商化的趋势下，销售人员的价值很小，更多的是需要客服人员。

对企业来说是以更低的价格售卖简单标准化的产品，还是提供高附加值的产品和服务，是非常重要的战略选择。企业销售的第二个发展趋势就是大客户化或者解决方案化。

在大客户化的趋势下，企业通过差异化服务、产品创新、专业顾问（销售）为客户提供完整的解决方案，为客户创造价值，帮助客户成功。在大客户化的销售模式下，销售人员的作用可以得到最大化地发挥。B2B 销售大客户化，是未来销售职业的发展趋势。

大客户赢单策略

大客户销售和小客户销售的区别

大客户销售和小客户销售之间存在很多区别，以下是大客户销售和小客户销售相比存在的主要区别。

1）**项目金额巨大**。成交额 50 万元的客户和 500 万元的客户相比，存在明显的差别。这也意味着大客户做决策时更加谨慎和理性。

2）**项目周期长**。大客户通常需要更长的时间来审批和决策。例如，10 多万元的项目可能只需要一两周的审批时间，而 100 万元的项目则可能需要数月才能完成审批。

3）**需求复杂**。大客户通常有更复杂的需求，因此销售人员需要花更多的时间和精力来挖掘客户的需求。

4）**决策逻辑复杂**。大客户项目通常需要多个部门的参与，这意味着决策需要考虑多个因素，组织决策需要各个部门之间的权力博弈，因此往往比较复杂。

5）**高层难以接触**。大客户需要高层领导的决策支持，但高层领导的时间往往比较宝贵，因此很难接触到。

6）**客户决策失误的风险大**。大客户采购对客户关键决策人的职业生涯有重要的影响，因此客户决策失误的风险也会更大。

7）**项目竞争激烈**。由于大客户利润高，因此存在更多的竞争对手。客户常常需要比较多个销售人员的方案，从而选择最优秀的方案。

　　这些区别对销售人员来说都是很大的挑战，因此需要根据不同的客户类型，采用不同的销售策略来提高销售业绩。

赢单策略：找到大客户销售中正确的事情

　　对大客户销售人员来说，需要深刻思考什么是正确的事情，以及如何把事情做正确。在面对大客户时，制定"赢单策略"是寻找"正确的事"的过程，销售人员需要找出哪些事情可以推动项目进展并最终签单。这看起来很简单，但事实上，决定哪些事情应该先做、哪些事情应该后做，对于项目的推进至关重要。

　　如果在应该与客户进行技术交流的时候，去做建立关系的事情，最终很可能适得其反。因此，大客户销售人员需要认真思考并制定正确的赢单策略，才能取得成功。

　　"把事情做正确"的核心是极致，可以参考"九段秘书"的故事。如果每一件事情都能按照"九段秘书"的方式来做，就一定可以做到极致。大家感兴趣可以上网了解一下，这一部分不作为本章讨论的重点。

　　针对大客户的销售过程，可以拆分成 3 个关键步骤。

　　第一步，收集客户和项目信息。只有深入了解客户和项目信息，才能制定有效的策略。在这一步中，需要结构化地收集并分析信息，从而找到销售机会。

第二步，通过客户分析，找到销售机会并制定项目的赢单策略及下一步行动计划。这是整个大客户销售过程中最重要的一步。

第三步，按照赢单策略和下一步行动计划的要求，开展一系列销售活动，最终签单。在这一步中，根据赢单策略的要求，开展一系列销售活动，以取得客户采购决策人的支持，让项目朝着有利于我们的方向发展。在这个过程中，需要记住一个原则，即客户只代表客户自己，我们只能证明我们的价值，协助客户实现目标，无法替代客户做选择。

1. 收集信息：知己知彼，百战不殆

如何收集客户信息以及需要收集哪些信息，从销售的角度来看，客户信息主要涉及以下 3 个方面。

1）客户的基本信息，包括公司业务、背景等。

2）客户的需求信息，包括问题、动机、方法、价值、障碍等。

3）客户的采购决策信息，包括决策人、决策流程等。

销售人员在信息收集方面，需要思考以下几个问题。

1）这些信息是想象和分析出来的，还是客户告诉我们的？

2）对于不确定的信息和未获得的信息，需要如何获得和确认？计划什么时候完成？

3）信息应该相互印证，以确保准确性。

只有真实准确的信息，才是客户分析的基础。如果信息错

误，那么整个销售过程都会走偏。客户误导销售人员的情况很常见。例如，当你约见客户时，客户明明很闲，却告诉你自己很忙，没时间。当客户最终没有选择你的产品时，他们可能会说你们的价格太高了，但实际上不是这个原因。每个人的立场不同，他们只会向你透露对自己有利的信息。

公司经常会发生两个销售人员撞单的事情，他们各自陈述该项目的情况，但描述的信息却不一致。最初，销售管理者认为是销售人员只会选择说对自己有利的话，他们有意识地隐瞒或说错了信息。但后来发现，他们了解的信息是不同的，因为客户向他们透露的信息不同。因此，需要确认信息来源，并相互印证，以确保信息真实、准确。

2. 客户分析，制定项目的赢单策略

客户基本信息的收集和分析是大客户销售过程中非常重要的一环。销售人员需要对大客户进行全面的了解，包括公司业务、行业环境、竞争分析、客户战略和业务痛点、采购决策模式和流程、客户 SWOT 分析、客户高层档案、预算和消费情况等。

只有通过对客户信息的全面收集和分析，才能找到销售机会，为大客户销售带来更好的业绩和成果。销售人员在进行客户分析时，应重点进行客户关键决策人分析。关键决策人有项目负责人（执行人）、建议者（评估者）、使用者（关键用户）、最终决策人等如图 7-1 所示。

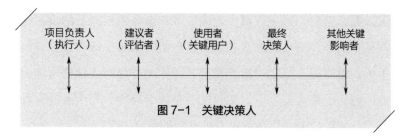

图 7-1　关键决策人

（1）客户关键决策人分析

任何一个采购项目都包含上述所提到的关键决策人，如果无法找到这些决策人，那就说明工作还未做到位。

1）**项目负责人（执行人）**。他们负责联络、与供应商的对接等事宜，通常是由公司指派的，通过正式的、一致同意的或设定的权力推动决策流程，并代表客户的组织做出承诺。项目负责人是日常与供应商进行沟通的人员，他们既可以是建议者（评估者），又可以是关键使用者。

2）**建议者（评估者）**。他们按照明确的标准和规范选择符合要求的产品和服务，严格把关。他们虽然没有最终审批权，但可以通过筛选否决某供货商。这些采购决策者在项目中各自扮演着不同的角色，每个角色都有其独特的职责和关注点，需要在销售过程中了解他们的需求，才能更好地满足他们的需求，从而取得项目成功。例如，采购部门会按照公司的采购标准，如注册资金、员工人数、财务报表等硬性规则来评估供应商是否合格。

3）**使用者（关键用户）**。使用者是指使用你的产品或方案的人员。他们关注的是服务的体验和便捷程度，因为这些直接影响着他们的工作效率和个人体验。在企业采购中，使用者的意见和反馈往往是非常重要的。因为他们对产品和服务的实际使用情况更有发言权，能够提供更为准确的反馈和建议，为决策者提供更有价值的参考。

4）**最终决策人**。最终拍板的人，不需要再请示别人就可以做出决策，可能是一个人，也可能是一个团队，如董事会或委员会等，他们拥有资金使用权和审批权，并拥有一票否决权。最终决策人最关心的是这次投资会给他们带来什么样的回报，他们通常是企业的高层人员。项目越大，需要高层领导参与的可能性越高。

在任何大型项目采购中都必须存在上述关键决策人。如果无法识别他们，就会是项目的风险所在。除了上述采购角色外，在大型项目中，由于采购周期长、情况复杂，还需要找到"教练"。"教练"的作用如下。

- 提供并确认项目信息的真实性和有效性。
- 帮助联系关键人员并反馈他们的态度。
- 提供建议并帮助制订后续工作计划。

"教练"可以同时承担其他采购角色，也可以只是充当向导。对销售人员来说，最关键的问题是："为什么'教练'能帮助你？"如果你不能回答这个问题，你需要质疑"教练"的可靠性。

在大客户跟进过程中，可能还会存在"其他关键影响者"，他们不是客户公司的内部人员，但可以通过某种方式影响客户的内部采购决策人，他们也有自己的个人动机。

　　销售人员需要做的是找到所有采购角色并跟进，不能依赖单一联系人。企业中有许多内部撞单的事情发生就是因为有多个决策者。不同的销售人员对接了不同的决策人，发生在企业内部是撞单，发生在企业外部就是竞争。对关键决策人的分析，可以参考表 7-1。

表 7-1　关键决策人分析表

姓名	工作职务	采购角色	支持态度	核心需求及看中的价值		关系负责人	需要采取的行动
				企业方面	个人方面		
其他的影响者	公司	对这个项目的影响					需要采取的行动

　　通常参与项目的决策人有多个，他们来自不同的部门，在项目中承担着不同的角色。由于每个决策人都具有不同的影响力和话语权，因此需要仔细分析，找出谁是最关键的决策人。关键决策人在项目中通常有企业价值和个人价值的诉求。企业价值是客户企业希望通过采购项目实现的目标和价值，可以直接从客户处了解。个人价值通常是采购决策人的个人目标和利益，需要通过深入了解采购决策人的需求和关注点来获得。最好的情况是，组织价值和个人价值是一致的，但有时候个人价值和组织价值是不同的。因此，需要深入了解客户的需求和期望，并根据不同决策人的不同诉求制定相应的赢单策略，以获得他们的支持和认可。

　　只有在理解客户采购决策人的背景信息的基础上，才能更好地为客户提供个人价值，进而争取客户的支持。以下内容可以帮助销售人员更好地了解客户。

- 负责人的基本信息。
- 负责人负责采购公司的产品和服务，多长时间。
- 负责人的兴趣爱好、家庭情况和家庭成员的需求。
- 关键决策者的关键需求是什么？如何满足？
- 客户为什么选择上一家供应商？去年谁支持了竞争对手？
- 支持人和最高决策人的关系是什么？
- 最高决策人对公司的态度怎样？

（2）客户支持度分析

在项目推进中，客户的支持非常重要。销售人员可以通过客户的态度来判断他是否支持你。一般来说，客户的态度可以分为以下几个层次：敌对、反对、中立、支持和力挺。敌对是指客户是竞争对手的铁杆支持者。反对是指客户倾向于竞争对手，但是支持程度不如敌对者强烈。中立是指客户对你和竞争对手没有明显的偏好。支持和力挺是指客户是你的支持者和铁杆粉丝，是竞争对手的反对者和敌对者。

通过客户的言行和态度来判断他们的支持程度，如客户是否频繁与你联系，是否提供详细的项目信息，是否愿意听取你的建议和方案，是否有意愿与你建立长期合作关系等，也可以从客户对竞争对手的态度和反应中得到一些启示。

销售人员在分析客户支持度时，需要注意如下关键点：支持度不仅涉及客户对销售人员和其所在公司的态度，还包括客户对销售人员所提交的方案的感觉。客户喜欢一个人，并不意味着他们会支持这个人的方案。因此，销售人员需要寻求双赢的方案，确保客户的个人和组织利益都得到满足。

完全中立的状态在现实中很少见，客户总会有一些倾向性。即使他们选择了压抑自己的想法，考虑领导的态度，也是有倾向性的。销售人员可以在此基础上做工作，争取客户的支持。

销售人员在判断客户是否支持自己时，不应该凭直觉，而是应该依靠具体的证据来证明客户的支持度。只有确凿的证据，才能确保准确性。

对未接触过的客户，销售人员需要标注"警示"，因为这个角色对项目来说可能意味着风险。销售人员需要寻找机会接触这些客户，并寻求他们的支持。

（3）客户决策流程和决策逻辑分析

客户内部都有决策流程，比如提交立项报告、招标投标等。客户的内部流程是什么？每一步由谁来负责？销售人员如何影响这件事情？客户决策流程分析如图 7-2 所示。

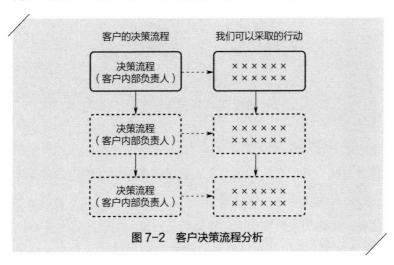

图 7-2 　客户决策流程分析

（4）竞争态势分析

目前，在买方市场下，要想单一来源采购是很难的事情，如果不进行招标投标，也会有内部的三方比价。竞争态势分析主要是通过比较自己与竞争对手在不同领域的差异，以及客户对这些差异的看重程度来找出竞争优势，进而制定相应的策略。

在竞争态势分析中，将横轴定义为自己与竞争对手的差
异性，纵轴定义为客户对差异性的看重程度，分别对应四种状
态，如图 7-3 所示。

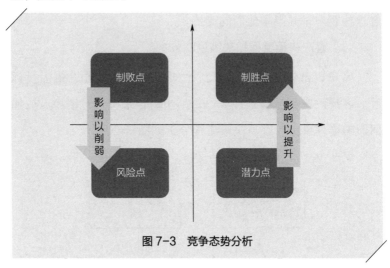

图 7-3　竞争态势分析

1）**制胜点**。这意味着自己比竞争对手领先，并且客户非
常看重这一点。在这种情况下，应该将这个差异性作为优势来
推广，突出这个点，以此吸引客户；通过各种方式来加强这个
优势，比如加大研发投入、提高产品质量、加强售后服务等。

2）**制败点**。这意味着自己比竞争对手落后，并且客户非
常看重这一点。在这种情况下，应该努力提高竞争力，可以通
过改善产品设计、降低成本、提高效率等方式来弥补差距。

3）**潜力点**。这意味着自己比竞争对手领先，但是客户并
不十分看重这一点。在这种情况下，应该积极宣传这个优势，
让客户认识到这个优势的重要性，并且逐渐提高客户对这个优

势的认可度。

4）风险点。这意味着自己比竞争对手落后，但是客户并不十分看重这一点。在这种情况下，可以暂时将这个差异性放置在一边，不必过于担心。当客户开始重视这个差异性时，可以采取相应的措施来提高自己的竞争力。

总之，在竞争态势分析中，应该将竞争对手的优劣势与客户需求进行比较，找出自己的竞争优势，并有针对性地采取相应的赢单策略。

根据竞争态势分析的结果，可以采取不同的竞争策略。首先是硬碰硬策略，适用于占有绝对优势的情况，可以采取全力进攻的方式，争取尽快与客户签订合同。其次是迂回策略，针对双方势均力敌的情况，需要改变客户的认知，提出新的方案或思路，以改变"游戏"规则。再次是各个击破策略，即专注攻克一部分业务，逐步扩大合作范围，慢慢渗透。最后是拖延策略，当发现已经步入输局时，可以采取拖延或建议客户招标投标的方式，争取更多的时间来寻找可能的制胜方法。选择不同的竞争策略，可以更好地发挥优势，提高竞争力，最终取得项目成功。

3. 制定项目的赢单策略及下一步计划

客户分析的目的是制定赢单策略，制定赢单策略的第一步是了解项目目前存在的风险和问题。因为只有了解了风险和问题，才能想办法补救。一个项目的风险和问题主要来自以下几个方面。

1）应该知道，但是不知道的信息。

2）不确定的信息。某个角色是否支持你、客户提供的信息真实性等。

3）没有接触的角色。客户工会负责人或行政部领导等。

4）客户内部的变化。人员变动、部门重组等因素。

找到项目的风险和问题后，需要找到目前的优势所在。优势是自己与竞争对手不同且客户看重的方面，它们有助于推进项目进展。

在制定赢单策略时，需要将其分解为具体的行动计划。行动计划包括时间、地点、人物、具体的任务和需要的支持等。只有非常具体，才能知道到底做什么，以及是否能实现目标。

对大客户来说，结构化的信息收集和分析非常重要，这有助于找到项目中正确的事情，按照计划执行，并且不断反馈和调整。

持续经营大客户

销售成功的三个标志：关系的加强、重复购买和转介绍

首先，关系的加强是指通过合作与客户的关系得到了加强，客户对我们的信任度和认可度提高。这样下次客户有采购

需求的时候，就更有可能选择我们，继续合作下去。

其次，重复购买是指客户在下次有采购需求的时候，仍然选择购买我们的产品或服务。这表明客户对产品或服务非常满意，愿意再次购买，这也是维持客户关系的重要方式之一。

最后，转介绍是指客户愿意将我们介绍给他们的朋友或其他人。这表明客户对我们非常信任，这样就能获得更多的潜在客户，扩大业务规模。

这三个标志都非常重要，因为它们反映了我们与客户之间的关系和互动，同时也是衡量销售业绩的重要指标。因此，需要提高客户对我们的信任度和认可度，才能在市场竞争中获得更大的优势。

客户经营的三个维度

客户经营包括客户保留、交叉销售和老客户转介绍。这三个方面对于客户经营非常重要，同时它们相互影响，共同决定了客户关系的强度和销售能否成功。

1. 客户保留

客户保留的核心是提高客户满意度，而客户满意度的核心在于客户期望与现实的差距。因此，需要管理好客户的期望值，提前告知客户可能出现的风险，提高客户的参与度，展示阶段性成果，及时解决问题，同时可以提供一些附加价值，超越客户预期，让客户的满意度更高。

2. 交叉销售

交叉销售是指在满足客户需求的前提下，向客户销售新的产品或服务。为了实现交叉销售，销售人员需要了解客户需求，根据客户需求进行新产品或服务的销售。

3. 老客户转介绍

老客户转介绍是指通过老客户介绍新客户，扩大客户群体。为了实现老客户转介绍，销售人员需要提供优质的产品和服务，让客户感到满意，同时需要积极与客户沟通，了解客户的需求和反馈。如果客户对产品和服务感到满意，他们就有可能帮助转介绍。

本章讲了以下四个核心内容。

第一，"为什么要做销售？"这是每个销售人员都需要思考的问题："我是谁，我想要什么，我愿意为此牺牲什么"。

第二，"是否适合做销售？"每个人都需要有清晰的自我认知，了解自己是否具备做销售的特质。如果想做销售，有决心和愿望，特质是可以后天培养的。核心还是看你是否真的想要做好销售。

第三，"如何做好销售？"需要掌握如何找客户、如何建立信任、如何挖掘需求、如何促进成交等销售技能。

第四，"如何成为大客户销售？"成为大客户销售人员是个人销售职业取得长远发展的必然选择。

第 2 篇

登堂入室：
从个人英雄主义到
帮助别人成功

第 8 章
新任销售经理常见的误区和新的工作理念

销售经理是销售人员从销售岗到管理岗转型的关键一步，本章首先强调了销售经理角色对于个人和企业的重要性，并指出销售经理应该具备的理念和思维，比如成人达己、以身作则等，这些理念将指导销售经理顺利开展工作。

第 9 章
如何精准培养团队

培养人是衡量销售经理是否胜任的重要指标，本章介绍了销售经理该如何招聘销售，如何差异化地管理团队，如何精准培训，以及如何营造团队氛围，是销售经理精准培养人的工作指南。

第 10 章
销售经理如何驱动业务

经理团队的执行力是团队战斗力的保障，本章介绍了销售经理如何做到执行力闭环，提升团队的执行力。此外，本章列举了销售经理的重点工作清单，例如，如何管理团队的开发，如何过客户，如何陪同拜访，如何做复盘等。

第 11 章
销售经理的自我成长

学习能力是销售经理的核心能力，只有持续学习和自我提升，才能成为优秀的销售经理，本章介绍了销售经理需要学习的知识，如管理知识、人力资源知识等；此外还强调了销售经理需要具备的心态以及需要提升的素质。

第 8 章

SALES
EXCELLENCE
A Guide to Career
Advancement from Sales
Novice to Sales President

新任销售经理常见的误区和新的工作理念

成为销售经理

销售经理是销售团队中的重要角色。对于公司而言，销售经理是连接高管和销售团队的纽带，可以将公司战略转化为具体销售任务和策略，并完成销售指标。同时，销售经理也是公司形象和品牌传播的重要角色。销售经理带领销售团队直接面对客户，代表公司的形象。

对于个人而言，销售经理岗位是个人职业发展中的关键阶段。销售人员的职业发展主要分为两条线：销售专家和销售管理者。转型为销售经理是销售人员职业晋升的重要阶段，这个过程不仅意味着职位的提升，更重要的是角色的转变。销售人员凭借个人能力完成任务，是个人贡献者，而销售经理依靠团队实现目标，是团队贡献者。团队的力量大于个人的能力，因此销售人员想要实现更好的职业发展和更大的成就，成为销售经理是必经之路。

成为销售经理对销售人员来说是一次重要的身份转型。只有胜任销售经理的角色，才能获得更广阔的职业发展空间，利用三大杠杆实现职业突破和个人价值最大化。

纳瓦尔（Naval）提出的三大杠杆，分别为劳动力杠杆、资本杠杆和影响力杠杆。销售人员转型成为销售经理，可以用团队的时间突破个人时间的限制，利用团队的劳动力杠杆实现人生的一大跨越。劳动力杠杆利用得好，销售经理可以获得原始资本的积累，有了资本，就可以通过资本投资获得收益。销售经理经过多年的奋斗，会形成个人品牌和影响力，这时候可以通过写书、写公众号文章等方式，实现人生的第三次飞跃。

因此，销售经理是销售职业发展中的重要一环，只有做好销售经理，利用劳动力杠杆建立强大的销售团队，才有获得资本积累的可能性。另外，销售人员要想有更广阔的职业发展空间，就要能胜任销售经理的岗位，否则未来的职业发展也无从谈起。

销售经理常见的误区

销售人员转型成为销售经理时，经常犯的错误如下。

1）不重视销售人员的培养。销售经理不能只关注客户，忽视对销售人员的培养。销售经理应该提升团队成员的销售能力，让团队成员获得更多的机会和成长。

2）不注重管理知识的学习。销售经理需要学习管理知识，只有提升自己的管理水平，才能更好地管理团队。

3）过于彻底的身份转变。销售经理不能过于彻底地从销售人员转变为只指挥和发号施令的纯管理者。销售经理作为初级管理者，应该积极参与团队的工作，与销售人员一起为团队贡献力量。

4）不尊重下属的差异性。销售经理应该尊重下属的差异性，不要以自己的成功经验去要求每一个下属，应该根据下属的实际情况和特点，制定不同的策略和计划，提高销售能力和业绩。

通过避免这些误区，销售人员可以更快地胜任销售经理的角色，实现自己的职业身份转变。

树立全新的工作理念

从管理自我到成就他人

作为销售经理，最重要的职责是带领团队完成销售任务。

相对于销售人员，销售经理需要具备辅导和激励他人达成目标的能力。由于人都具有惯性，尤其是对于自己擅长的事情，通常不愿意放手交给别人去做。如果销售经理总是亲力亲为地做销售工作，销售人员就没有机会锻炼自己，自己也没有更多的精力辅导销售人员，这将导致团队能力无法提升。

销售经理的工作分为对事情的管理和对人的管理两大类，简称为"管事理人"。对事情的管理包括业绩、行为、项目等方面的管理。对人的管理包括人的情绪管理、培训、辅导和激励等。对于 B2B 大客户销售来说，事情的管理更多是项目的管理。

对于新晋的销售经理而言，需要把大部分精力放在对事情的管理上。随着销售人员能力的提升和团队的成熟，销售经理应逐步将精力放在人的管理上。作为一名销售经理，"管事理人"不可偏废。

有人说："你能取得多大的成功，取决于有多少人希望你成功。有多少人希望你成功，取决于你帮助了多少人。"

只有具备"利他"思维的公司，才能立于不败之地。一个公司要想在竞争中取胜，就需要满足客户需求，提供有竞争力的产品和服务，也就是说公司存在的前提是"利他"。

销售人员如果想赢得订单，就要挖掘客户需求，提供优质的服务。客户在做选择的时候，一定是哪个品牌哪种方案对他最有利，他才会购买哪一个，也就是说销售人员的"利他"是获得订单的关键。

销售经理如果想获得销售人员的支持和信赖、打造一支能打胜仗的团队，就需要帮助销售人员提升能力、提高认知、提高收入、为销售人员的职业发展铺路。同样的，想成为优秀的销售经理，离不开"利他"，对别人有利的才是对自己有利的。销售经理一定要有利他精神，能够帮助团队。

以身作则，但不要事必躬亲

1. 以身作则

作为销售经理，最重要的职责是带领团队完成团队任务。这并不意味着销售经理需要放弃以身作则的理念。商场如战场，以军队中的连长作为类比，连长的职责是带领士兵取得战斗胜利。如果连长不能和战士奋战在前线，只是坐在指挥室里远程指挥，可想而知，这样的连队很难取得胜利。指挥官身先士卒、不畏牺牲，在军事上一直是获胜的有力法宝。同样，销售经理的以身作则也是提升销售团队战斗力、完成任务的有力保障。

科学家发现，人类的大脑中存在着"镜像神经元"。这些神经元使人类具备模仿他人的能力。因此，如果销售经理能够以身作则，成为团队中的标杆，那么销售人员会模仿销售经理的工作方式，变得和销售经理一样优秀。相反，如果销售经理不能以身作则，只是站在一旁指挥销售人员工作，结果只会造成销售人员的逆反心理和上下级关系的紧张。

销售经理的以身作则会出现两种结果。第一种，销售经理带领销售人员赢得订单。这样一来，销售经理在员工心中的形象会更加高大，对销售人员的影响力也会提升。第二种，销售经理帮助销售人员的行为没有取得预期结果，员工也会觉得销售经理和他们在一个"战壕"里，销售经理在用心地帮助他们。销售经理的以身作则可以增强团队的凝聚力。因此，如果销售经理能起到带头示范作用，不管参与的项目成功还是失败，都能够调动团队的积极性。

2. 不要事必躬亲

销售经理的以身作则非常重要，但是切忌事必躬亲。销售经理最重要的职责是带领团队完成团队任务，销售经理过度干预销售工作，而忽视本职工作，会给团队带来负面影响。作为销售经理，需要帮助销售人员解决问题，但是更应该做好本职工作，避免过度干预销售工作，影响销售人员的积极性和主动性。

3. 求同大于存异

销售团队需要由一群不畏困难、目标坚定的人组成，共性让团队成员之间形成合力，让团队更具有执行力。

作为销售经理，在团队发展的早期、团队规模还不大的时候，需要找到与自己类似、至少共性大于差异的人。由这些人组成的团队更有战斗力。但是，随着团队规模的扩大，团队

成员需要更加多元化，销售经理需要包容不同特质的人，拥有
"求同存异"的管理理念。

做足准备，去除侥幸

在销售领域，做足准备是销售经理必备的工作理念之一。
这意味着销售经理应该在每个销售活动之前做充分的准备工
作，包括了解客户需求、研究市场情况、掌握产品知识等。准
备工作的充分性将直接影响销售活动的成功与否。

销售经理需要摒弃侥幸心态。侥幸心态是指依赖运气或偶
然的成功，而忽视了努力和准备的重要性。销售经理要明白，
成功的销售基于实际的行动和专业技能，而非偶然的结果。

1. 销售是概率事件

销售的本质是一种概率事件。一般人想象中的大客户销售
的签单过程是跌宕起伏、峰回路转的，销售人员凭借非凡的天
赋和智慧和客户斗智斗勇，最终实现签单。实际上并不是这样
的。我们需要思考一个问题，客户到底属于谁？一部分销售人
员认为客户是自己的，因为如果没有自己的努力，客户不会与
公司签约；另一部分销售人员认为客户属于公司，因为公司的
产品和服务能够满足客户的需求，客户才会选择签约。其实以
上说法都过于片面，我们可以观察一下身边的现象，即使是销
售精英跳槽到同行业，他们能够带走的老客户比例也不超过

30%。所以客户不是销售的，也不是公司的，客户是属于客户自己的，他们永远会做当下对自己最有利的决定。影响客户决策的因素包括销售人员的综合素质和专业水平、公司品牌、性价比等。客户会根据自己的需求和认知做出最终的选择。因此，客户采购是一个复杂的决策过程，销售、品牌、优惠等单一因素都不是客户决策的充分必要条件，销售人员不要认为仅仅靠自己的能力就可以左右客户的选择。

客户的签约是概率事件，销售经理的价值在于通过自己的管理，帮助销售人员提高签单概率。但是即使签单概率再高，也不可能做到100%，因为销售是一个需要天时、地利、人和的概率事件。

销售是概率事件，并不意味着销售管理者只能"靠天吃饭"。在确定的时间内，通过大量的概率事件获得确定性的结果，让完成任务成为必然，这是优秀销售经理必须具备的能力。

其实不止销售是概率事件，根据贝叶斯定理，万事万物都是概率事件。以投资领域的巴菲特为例，他被誉为"股神"，是世界上最成功的投资者。他的投资也是概率事件。他曾经投资过航空股票，但遭遇了失败。巴菲特和普通投资者一样，其投资决策也是概率事件。不同的是，他做出成功投资决策的概率远高于普通人。因此，在一系列的概率性投资组合中，巴菲特最终能够获得确定性的长期回报。

销售是概率事件的思维，对于销售经理来说至关重要。销售经理不要把团队任务的完成押在某个人或者某个项目上，因为即使团队的能力很强，项目的签约依然有很多不确定性。销售经理需要做的是，提升销售签单能力，提高销售签约项目的成功率。

2. 数量就是质量

"数量就是质量"是投资人王川的观点。他认为，人工智能飞速发展的原因不仅是算法的优化，更是算力的巨大升级，数据量和算力对于人工智能的发展至关重要。同样，销售经理在团队管理中，要戒除惰性，重视数量思维。在工作中，销售经理要增加销售跟进客户的数量，提高销售签单的概率，那么团队完成任务就能成为大概率的事件。

对销售人员来说，签单也是概率事件，普通销售人员和顶尖销售人员的差距在于认知。我们以篮球和销售做类比，以乔丹为例，他的职业生涯三分球的命中率是 33.2%，假设普通人的三分球命中率是 10%。如果你和乔丹一球定胜负，你赢过乔丹的概率是 6.68%！但如果 50 球定胜负的话，你赢的概率几乎为零。因此，即使乔丹，也不能保证每个球都能投中。乔丹如果想提高胜率，需要更多次的投球机会。

同样的道理，假如一个销售精英的签单率是 60%，一个销售"小白"的签单率是 20%。如果只跟进 1 个客户的话，销售精英有可能会输给销售"小白"，但是如果每个人都跟进 50 个客户的话，那么销售精英的签单量远远高于销售小白。因此，即使再优秀的销售人员，也需要跟进更多的客户，客户数量是团队完成任务的必要条件。

会开发客户的销售才是真正的销售人员。只有具备开发客户能力的销售人员才能被称为销售人员。我在招聘销售人员的时候，经常会遇到应聘者抱怨，他们在上一家公司服务很多大客户，并没有获得相应的待遇，因此选择离开。但是实际上，他们服务的客户，可能是公司分配的，也可能是离职的销售人员留给他们的。这些销售人员有一个错误的观念，错将平台的实力当作自己的能力，把服务的客户视为自己的客户。实际上，他们只是项目服务人员。无论他们服务的客户规模有多大，他们都不能被称为真正的销售人员。真正的销售人员是指能够开发客户并签合同的人，如果想成为销售精英，必须具备开发客户的能力。

销售人员的价值在于找到客户。在销售工作中，有一种错误的观点，认为公司必须提供客户资源才能开展工作。销售人员的价值在于找到客户并传递公司的价值，而非依赖公司提供的客户资源。如果销售人员不能改变这种错误的观点，那么他们永远也成不了销售精英。销售人员的价值在于找到客户，因此销售经理再怎么强调开发的重要性都不为过。

3. 在大概率事件上坚持，在小概率事件上备份

有的销售人员可以"一年不开单，开单吃一年"。对于这

种偶尔能签大单的销售人员，我们通常都会抱以钦佩和羡慕的目光。实际上，大客户的签约确实需要天时、地利、人和等条件，个人努力和时机同样重要。

但是作为销售经理，不能有这种侥幸的心态。作为大客户销售人员，如果一年没有完成任务，公司可以等，但是如果团队一年完不成任务，销售经理就会被公司淘汰，因为团队完不成任务的时间成本和机会成本是公司没法承担的，销售经理的价值在于在一定时间内获得确定性的结果。销售有不确定性，而销售经理的价值是短时间内获得确定性的结果。那么如何才能获得确定性的结果呢？

销售业绩 = 机会数量 × 签单能力

在大概率事情上坚持，要求销售经理不断提升销售签单能力，持续提升销售开发能力，确保完成开发目标。

在小概率事件上，我们要有冗余备份和安全备份。对于团队有可能会丢的大客户，做好预案；对于团队有可能出现的人员流失，提前做好人员储备。

有人说："你期待的事情，如果不拼尽全力，大概率不会发生。你担心的事情，如果不做充分准备，一定会发生。"这话放在销售团队的管理中，你期待的项目大概率不会签约，而你担心丢单的项目，如果不做充分准备一定会丢单。

经理是责任而非权力

作为销售经理，你的责任是领导和帮助销售团队取得成功，你的任务是激发销售人员的潜力，提高他们的能力，并协助他们达成销售目标，而不是利用强制力迫使他们工作。

正确的权力观是：权力是一种责任，销售经理的任务是发挥领导才能，辅导和帮助销售团队完成任务。

一个好的销售经理不仅要有管理和领导技能，还要有出色的沟通技能，能够与销售人员建立信任，并为他们提供支持。你的成功来自团队的成功，你的责任是确保你的团队能够完成任务、不断进步和成长。

总之，正确的权力观是：权力是一种责任，是为销售团队服务的。一个优秀的销售经理应该以此为导向，努力协助团队实现业绩目标，帮助他们不断成长。权力让你走得更快，责任可以让你走得更远。

自我奉献精神

销售经理需要有自我奉献精神。销售经理培养销售团队的过程和企业家创业有相似之处，企业家只有在创业早期投入大量的资源，创业后期才有可能有回报。

1）投入资金。创业是需要资金投入的，人员、场地、营销等都需要资金。同样地，作为销售经理也需要给团队资源上的支持，甚至牺牲自己的利益，拿出自己的收入和积蓄来支持销售人员。

2）投入时间。除了资金投入，创业还需要投入大量时间。有位企业家描述了他忙碌的状态，家人如果想和他一起吃晚饭，需要提前预约。销售经理虽然达不到企业家的忙碌程度，但如果想出成绩，依然要牺牲自己的休闲时间、陪同家人的时间。

3）投入情感。销售经理管理团队难免会犯错误。在用人方面，销售经理要理解人性，提高对人性的洞察力。这些能力的获得，除了原生家庭的教育外，最重要的学习方式就是从错误中学习。选错人、信错人、用错人，是管理者绕不开的话题，犯错误并不是区别优秀管理者和平庸管理者的分水岭。犯错误后能迅速调整并且实现目标的管理者，一样是优秀的管理者。

对于新任的销售经理来说，他们从销售岗位转型到管理岗位时，收入短期内可能会下降。有些销售经理追求个人短期利益，忽略了对下属的支持，导致团队人心涣散。销售工作的特殊性决定了销售经理需要给予销售新人更多的帮助。新销售人员的底薪较低，成单周期长，造成了新销售人员经济压力比较大。此外，销售工作难度大，业绩压力大，导致新销售人员的思想压力大。作为销售经理，要懂得舍己为人，给予下属更多的支持，包括财务和资源的支持，帮助他们克服困难，提高工作信心和能力。作为销售人员，当他感受到领导的关怀和支持后，便会更加努力去克服工作中的困难。

成功归他，失败归己

在成功时，我们应该将功劳归于整个团队。在失败时，我们应该将责任归于自己。成功不是一个人的事情，而是整个团队努力和付出的结果。在失败时，优秀的销售经理会主动承担责任，寻找发生问题的原因，从而避免类似的问题发生。相反，如果团队取得好的成绩，销售经理认为是自己的功劳，当团队成绩不理想时，销售经理将责任推给团队，那么这样的销售团队是不能持续打胜仗的。

第 9 章

如何精准培养团队

销售管理分为两个部分：事情管理和人员管理，即"管事"和"理人"。本章我们主要介绍"理人"的内容。对销售经理来说，理人是指培养销售人员，培养销售人员是销售经理最重要的职责。

销售经理要达成这样的共识：培养销售人员的速度决定了团队成长的速度，销售人员能力提升的速度决定了团队发展的速度。

在销售工作中，销售经理要具备这样的思维：钱不是赚来的，是解决了客户的问题获得的回报；客户也不是求来的，是帮助下属成长，他们靠能力签约回来的。

因此，销售经理需要通过培训和辅导来提高下属的能力。同时，销售经理也要了解下属的个人需求和职业规划，助力他们的职业发展。

精准培养团队的步骤如图 9-1 所示。

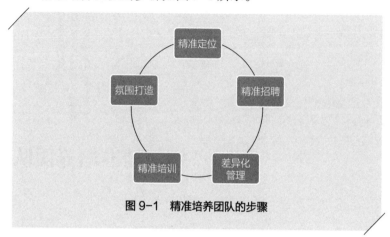

图 9-1　精准培养团队的步骤

团队的精准定位

《定位》是营销领域的经典之作，该书被《财富》杂志评选为"史上百本最佳商业经典"第一名。《定位》通过一些案例，告诉我们定位对于品牌的重要性，只有精准定位的公司，才能占领用户心智。一旦品牌占领了用户的心智，它就会成为细分品类的代名词，从而获得优势地位。其实，不光是企业，大到国家，小到个人，都需要定位。对销售人员来说，销售人员要结合自身的特点，选择客户定位。销售人员如果没有清晰的客户定位，大小客户都签单，什么行业的客户都做，就不会成为顶尖销售人员。同样，卓越的销售团队也离不开团队的精准定位。根据团队风格，有些团队适合做国企客户，有些团队适合做民企客户或外企客户。销售经理只有找准了团队的定位，才能发挥团队的最大效能。

团队定位需要考虑的因素包括团队目标、能力，以及市场现状和趋势等因素。要以未来视角选择团队定位，帮助销售团队找到正确的方向。销售经理需要进行仔细的分析和判断，从而做出正确的选择，一方面要结合团队未来的发展方向，另一方面也要切实考虑团队能力。

团队精准定位的重要性体现在以下两个方面。

1）**团队精准定位有利于开发优质的客户**。目前，大多数行业进入了成熟和稳定期。成熟和稳定期市场的特点是，容易签约的客户已经被签约了。只有通过专注和聚焦，才能找到优质客户，获得更好的结果。

2）**团队精准定位可以让销售人员更加专业和高效**。同一性质（如国企、民企或者外企等）、同一行业（如能源、通信等行业）的客户具有相似性，同类型客户的决策链、组织架构和职权分配一脉相承。因此，当销售人员定位某一类型客户，了解部分单位的情况后，就可以判断整个体系的情况。定位可以提高销售人员的工作效率，有精准客户定位的销售人员可以深入了解客户需求，使提供的解决方案更专业、更有竞争力。

招聘团队需要的销售人员

招聘优秀销售人员的挑战和应对措施

作为销售经理，最重要的工作如果只说一条，那么一定是招聘。雷军曾经分享过，他在创立小米之初，最重要的工作是找人，他要花 80% 的精力找人。作为企业最高管理者都要花大量精力招聘，更不用说人力资源部门招聘销售人员要花费的精力了。销售人员的招聘面临以下挑战。

1）**优秀的销售人员流动性低，招聘难度大。**优秀的销售人员一般都受到原单位领导的青睐，他们工作稳定、收入高、职业发展前景好。对销售经理来说，要通过各种渠道寻找优秀的销售人员，比如社交网络、人才市场、朋友推荐等，同时也要通过自己良好的口碑吸引优秀的销售人员。

2）**具备较强的综合素质的销售人员少。**销售人员需要具备的素质包括良好的沟通能力、人际交往能力和谈判能力等。具备较强的综合素质的销售人员少，所以招聘困难。

3）**销售人才的获得竞争激烈。**优秀的销售人员往往会有多个单位竞相争夺，这对销售经理提出了更高的要求。销售经理需要在招聘中充分展示公司的实力，例如公司文化、薪资福利、职业发展等。

4）**销售经理能力不足。**优秀的销售人员对领导的要求较高，如果销售经理不够优秀，很难吸引到销售人员。销售经理只有提高自身能力，包括业务能力、管理能力、培养销售人员的能力等，才能吸引到销售人员。

总之，招聘优秀的销售人员是销售经理面临的一个重要任务，需要充分认识到招聘中的挑战，采取有效的应对措施，以确保招聘的销售人员符合要求，为团队的发展提供源源不断的人才支持。

销售经理要成为招聘的第一责任人

当发现团队人才青黄不接的时候，有些销售经理把责任推给 HR，但是推卸责任并不能解决问题。销售经理才是招聘的第一责任人，因为招不到人，团队培养不了新人，完不成销售任务，自己要承担后果。

相比 HR，销售经理更清楚团队需要招聘什么类型的销售人员，因此销售经理更有可能招聘到优秀的销售人员。

如何招聘合适的销售人员

招聘应秉持的理念是"成功是成功之母"。虽然我们经常听到"失败是成功之母"的说法，但实际上，一个经常成功的人，下一次成功的概率大于经常失败的人。国外名校愿意招那些在体育或艺术方面取得过顶尖成绩的人。因为如果一个人在某一方面取得了成功，那么他们所具备的素质同样适用于其他方面。例如，一个拉小提琴获得全国第一名的人，一定是自律的、聪明的，同时懂得刻意练习、善于不断反思。这样的人做其他事同样可以做到极致。

筛选候选人有两个步骤：第一步是发掘候选人做成过的事情，最好是和销售相关的亮点成绩，如果候选人没有销售经历，就看候选人在其他方面是否有突出的成绩；第二步是判断候选人亮点履历的真实性，面试者往往会美化和包装自己。这个时候可以使用 STAR 提问法（企业招聘面试过程中常用的技巧），通过具体的问题来判断候选人回答的真实性。

除此之外，销售经理还需要总结行业内优秀销售人员的特点，提炼出优秀销售人员的画像，并以此标准来招聘销售人员。

因人而异，差异化管理

销售经理需要根据销售人员的特点，采用相应的管理方式。要做到差异化管理，销售经理必须对销售人员进行评估。评估销售人员是否能够胜任工作主要有两个维度：能力和意愿。

在评估能力方面，销售经理需要评估销售人员的销售技巧、知识水平、沟通能力、客户关系管理等方面的能力，以确定他们是否能够胜任岗位要求。销售经理可以通过考核销售人员的销售业绩、客户满意度等指标，评估他们的能力水平。

在评估意愿方面，销售经理需要了解销售人员的工作动机、工作状态、职业目标、职业规划等方面的信息，以确定他们是否愿意全力以赴地把工作做好。销售经理可以通过和销售人员沟通来评估其意愿水平。

通过对销售人员的能力和意愿进行评估，销售经理就可以了解销售人员的特点，并采用相应的管理方式来激励、帮助他们取得更好的业绩。

我们可以从能力和意愿两个维度，把销售人员分为 4 类：高能力、高意愿，高能力、低意愿，低能力、高意愿，低能力、低意愿。销售人员评估如图 9-2 所示。

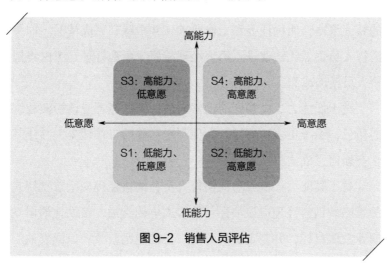

图 9-2　销售人员评估

针对 4 类不同的销售人员，销售经理应该采取以下 4 种管理策略和方法进行情境领导，如图 9-3 所示。

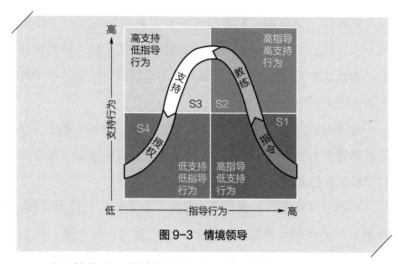

图 9-3 情境领导

对于低能力、低意愿的销售人员，销售经理应采取指令式的管理策略，明确任务和工作要求，并跟踪其完成情况。如果销售人员仍然无法改进，销售经理需要果断地处理，考虑将销售人员换岗或淘汰。

对于低能力、高意愿的销售人员，销售经理应该扮演教练的角色，给予更多的辅导，为他制定明确的工作任务，并让其学会如何完成这些任务。

对于高能力、低意愿的销售人员，销售经理应采取支持式的策略。销售经理应该加强与销售人员的沟通，帮助他们树立职业发展目标，并制定更具有吸引力的激励政策，以激发他们的工作积极性。

对于高能力、高意愿的销售人员，销售经理应该充分授权，给予他们最大的信任和支持，在不过多干预他们的工作的前提下提供帮助。

扬长补短，精准培养

我们先来看一个故事：英国自行车队的逆袭。

2003 年以前，英国自行车队是历史上最失败的车队之一，在过往的 110 多年里，没有在环法自行车赛拿过一块奖牌。因为成绩太差，制造商都不愿意出售自行车给他们，怕影响品牌。2008 年的北京奥运会，英国自行车队拿下了 60% 的金牌。2014 年的伦敦奥运会，英国自行车队在自家门口打破了 9 个奥运会纪录，7 个世界纪录。

2012 年，环法自行车赛上英国人首次夺冠，自此之后英国人一发不可收，2013 年、2015 年、2016 年、2017 年、2018 年的环法自行车赛总冠军全被英国人夺得。

英国队到底经历了什么？怎么做到脱胎换骨的？

这要归功于天空车队的总经理戴夫·布雷斯福德（Dave Brailsford）。

戴夫·布雷斯福德 2003 年跳槽到了英国国家自行车队担任教练，并提出了著名的"边际增益理论"。

戴夫·布雷斯福德把影响成绩的所有因素拆分出来，然后在每一个细节上精益求精。例如，他们改进自行车座，让骑手骑起来更舒服；他们使用不同的按摩凝胶，来测试哪一种能帮助车手肌肉恢复；他们找专门的外科医生教骑手洗手的方式，以降低患感冒的概率；他们用酒精擦涂车胎，以便有更好的抓地力；他们甚至还专门定制不同的枕头和床垫，以确保骑手睡得更舒服……

"我们遵循这样一条原则：把骑自行车有关的环节拆解，把每个分解出来的部分都改进1%，汇总起来之后，整体就会得到显著提高。"戴夫·布雷斯福德说道。

毫无疑问，想让英国自行车队问鼎世界冠军是一件很难的事，但是把这样难的事拆分得足够细，细致到队员睡觉的床垫该如何改进。这些细节是容易提升的，容易提升的细节被改进之后，结果也会有质的变化。

这也符合老子在《道德经》中所说的：

> 天下难事，必作于易；
>
> 天下大事，必作于细。

也就是说，天下再难的事都是由简单的小事构成的，天下再大的事，也都是由细小的事构成的。

英国自行车队的逆袭和《道德经》中讲的是一个道理，就是我们想要做好一件大事、难事，就需要把这件事情拆解成很多小的环节，然后在每一个小环节上不断改进。这样，大事、难事就能够被完成。

毫无疑问，培养销售人员，使之具备签约大客户的能力是件难事。如果销售经理能把销售人员签约过程拆得足够细，并在每个细节上对销售人员进行培训和辅导，让销售人员通过刻意练习把每个环节做好。这样，销售人员和团队的能力就能得到提升，培养销售人员这样一件难事，就可以被实现。

销售过程可以分为 3 个阶段，如图 9-4 所示：客户开发阶段、客户服务阶段、客户经营阶段。每一个阶段又可以进一步拆分为更小的环节。

图 9-4　销售过程

将签约大客户这样一件难事拆分成较小的环节，有以下好处。

1. 可优化

销售经理将销售过程拆分成多个细节，针对每个细节提供系统的方法，从而让销售人员的能力得到提升。例如，在收集信息的环节，销售经理可以根据个人经验和团队智慧总结出有效的方法，这个方法比销售人员常用的方法更加高效。

销售经理将优化后的方法通过培训、演练等方式教给销售人员，可以针对销售人员的薄弱环节进行提升，进而提高销售人员的能力。

2. 可复制

销售经理将团队中好的方法总结出来，供销售人员借鉴和学习，提高销售人员的整体水平。例如，将签约大客户这样一件难事，拆分到找名单和找信息等细致环节，并且教给销售人员相应的方法，让销售人员签约大客户的能力变得可复制。

3. 可控制

销售经理将销售人员的任务拆解到最细，并且匹配具体完成的时间点，这样可以控制销售人员的工作进度，及时发现问题并进行调整。销售经理通过对阶段性目标达成情况进行监控，可以及时调整销售节奏，保证整体销售任务的完成。

4. 可实现

销售经理通过将销售过程拆分成多个细节并进行优化，可在每个环节指导销售人员采用更好的方法。在团队执行过程中，及时监控销售工作进度，团队目标就可以实现。

下面我们以 B2B 客户开发过程为例，说明具体的操作步骤。客户开发过程如图 9-5 所示。

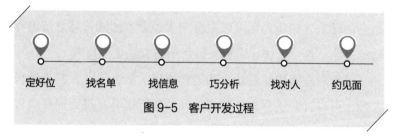

定好位　　找名单　　找信息　　巧分析　　找对人　　约见面

图 9-5　客户开发过程

例如，我们把客户开发的过程分为：定好位、找名单、找信息、巧分析、找对人和约见面。

销售经理在每一环节需要做的事情如下。

1. 定好位

销售经理需要根据销售人员的特点进行定位。定位分为强定位和弱定位。强定位的客户范围更窄、数量更少，适合于经验丰富、能力强、抗挫折能力好的销售人员。弱定位是指销售人员定位某个行业（互联网、制造、能源）或者某类规模企业，按照性质划分为国企、民企等，按照客户规模划分为 30 万元以上、50 万元以上、100 万元以上等，弱定位适用于能力弱或没有经验的新人。如何进行客户定位，需要结合销售人员的特质以及经历。例如，做事比较周全稳妥、社会阅历丰富的销售人员，销售经理可以考虑为其做央企等的强定位；如果销售人员对某个行业较熟悉，那么销售经理就可以考虑为销售人员做这个行业的客户定位。

2. 找名单

根据销售人员的定位，销售经理需要为销售人员进行找客户的培训，并要求销售人员在一定的时间内把定位客户的名单全部找出来。销售经理需要检查销售人员找名单的情况，帮助其把关。销售经理要检查销售人员找的客户是否符合定位（包括规模、性质、体系等），是否有老客户需要删除。销售经理的把关非常重要，一方面可以检查销售人员找客户信息的方法和效果，另一方面去掉不符合定位的客户，可以提高销售人员的工作效率。

3. 找信息

找到客户名单之后，需要补充客户信息，如联系方式、客户地址、组织架构等。销售经理需要先对销售人员进行找信息培训，传授找信息的方法，然后向销售人员提出找信息工作完成的时间要求。在约定的时间之前，销售经理需要检查和辅导销售人员。

4. 巧分析

客户信息补充完整后，销售经理需要帮助销售人员分析客户。这个环节需要考虑客户的需求、痛点、关注点等，对客户的精准分析可以提升销售开发的成功率。

5. 找对人

在 B2B 业务中，找到客户决策人是非常关键的一步。企业决策链通常包括执行者、建议者和决策者 3 个角色。执行者是负责具体事务性工作的人员，他们没有决策权；建议者通常是中层管理人员，具有一定的资历、职权，对客户决策链上的决策起到很大的影响作用；决策者则是最终的决策人，具有一票否决权。因此，在 B2B 业务中，我们需要找到客户决策链上的决策者，并与之建立联系。

6. 约见面

找到客户决策链上的人后，下一步就是约见面。在 B2B 业务中，约见面非常重要。因为通过面对面的沟通，销售人员可以更好地了解客户的需求，同客户建立信任关系，并提供更好的解决方案。如果销售人员无法约见客户，销售经理需要传授约见客户的方法，并帮助销售人员与客户建立联系。

对销售经理来说，他们需要对销售人员进行专项训练，确保销售人员在每一个环节都能达标。具体来说，销售经理需要了解销售人员的特点和经验，为他们制订个性化的培训计划，并根据进度进行指导，帮助销售人员提升能力。

打造独特的团队氛围

有这样一种现象，同一家公司，有些销售团队的销售人员执行力很强，领导安排的事情可以保质保量地完成，而有些销售团队的销售人员执行力差，团队业绩不理想。造成这种现象的原因是团队氛围不同。团队氛围可以通过立德、立信、立威、立行4个方面打造。

立德

立德是指在团队氛围建设中，注重培养和践行职业道德，强调团队成员的操守和品德。

某家企业的销售团队为了达成每月的销售目标，采用不正当手段，如虚假宣传、恶意竞争等。后来，企业领导意识到这种行为对企业的声誉和长远发展造成了影响，于是决定对销售团队进行教育，强调诚信和职业操守的重要性。在领导的引导下，销售团队改变了之前的行为，重新获得了客户的信任和支持。

在团队文化建设中，立德的重要性不可忽视。只有注重职业道德的建设，才能塑造出高素质的团队。

立信

人无信不立，业无信不兴，家无信不和，国无信必衰。毫不夸张地说，现代商业是建立在信用基础上的。作为销售经理，一定要重视自己的信用价值，说到做到，言出必行。这样销售人员才会信任经理，团队才会有好的执行力。

立威

销售经理的立威不是指在团队成员面前摆架子、耍威风，而是必须具备过硬的业务能力，在销售人员中建立威信。销售经理的权力仅靠组织和领导的授权是不够的，如果销售经理自身能力不够、销售人员不愿意追随，是带不动团队的，销售经理的位子也坐不稳。

有些人因为资历老、业绩高（可能是离职销售人员或者升迁领导留下来的客户）等原因，被领导提拔为销售经理。实际上，他们没有过硬的能力，没办法服众，最终苦苦支撑一两年，不得不转回销售岗。所以，销售工作是相对公平的，不要做投机取巧和误人子弟的管理者。

需要指出的是，能力是一个动态值，销售经理必须具备学习意识和能力。销售经理大多是因为销售业绩突出而被提拔为销售经理的，通常不擅长主动学习。

首先，大多数销售人员的学历不高，过往的教育经历证明他们不擅长学习。

其次，销售是一门实践的学问，是用结果说话的职业。当不愿意学习的销售人员拿到了好的销售结果，就更加强化了他们不主动学习的认知，能不学就不学，能少学就少学。

销售人员作为个人贡献者，学习能力可以弱一点，但是销售经理作为管理者，必须具备很强的学习能力。

学习能力是区分优秀销售经理和不称职的销售经理的标准。

立行

立行是指在团队氛围建设中，强调行动力和执行力，注重团队成员的高效率和协作精神。立行是团队氛围建设的重要方面，它体现了团队成员的工作能力和团队协作能力，是团队取得成功的重要保障。

销售经理在团队中要做好表率。通常情况下，如果销售经理的水平是9~10分的话，销售人员就能做到6~9分。销售经理的能力决定团队的水平，所以销售经理在团队中要严于律己，做好标杆。

1."先做同志，再做兄弟"，营造职业工作氛围

"先做同志，再做兄弟"指的是先把本职工作做好，工作放在第一位，之后再谈私人交情。这一理念有助于营造职业工作氛围。新任的销售经理经常犯的一个错误是将资源平均分配给下属，或在资源分配时掺杂个人情感，让销售人员觉得不公平。

出现这种现象的原因是，销售经理大多数是销售人员出身，而销售人员通常具有较强的共情能力，当他们看到团队中有人落后时，愿意多花些时间和精力来关照这些人。

此外，在团队中，有些销售人员和销售经理共事的时间长，感情好，销售经理也会倾向于照顾他们。

分配资源最重要的是坚持公平原则，而不是搞平均主义。管理的本质是资源效率的最大化，因为资源是有限的，必须将资源倾向于那些能够产出更好业绩的销售人员身上，以实现团队产出最大化。

"先做同志，再做兄弟"的理念可以帮助团队确立正确的导向，即客户导向和结果导向。销售团队应该把客户的需求和满意度放在首位，而不是过分关注领导的喜好。建立公正的团队氛围，能够引导销售团队将精力更多地放在客户上。

2. 情绪管理

情绪管理是个体和群体的情绪感知、控制、调节的过程，

包括正面情绪管理和负面情绪管理。负面工作情绪对个人和组织都有危害，长期的情绪困扰会影响个人生活和工作的热情、人际关系，以及绩效水平。

做好员工的情绪管理，销售经理要善于发现员工的情绪变化。在日常工作中，销售经理可以通过观察员工的表情、语言和肢体动作的变化，及时发现员工情绪的变化，并采取措施。

第一，给销售人员更多自我调节的时间。在不影响整体工作进度的情况下，可以将销售人员工作的最终完成时间往后调，不要生硬地批评销售人员，而是要给予更多包容和理解。

第二，给销售人员更多关怀。销售经理应该关注销售人员情绪变化的原因并提供帮助，让销售人员感受到领导不仅关注业绩，也关心他本人。这样做有利于增强员工的归属感和责任心，提高团队的凝聚力。

3. 信息产生信任

心理学上有个观点认为，双方了解的信息越多，信任感越强，关系越紧密。我们通常认为信任来自过往经历的考验，但实际上，双方有充分的信息交换，信任就产生了。团队成员对销售经理的信任是影响团队执行力的重要因素。作为销售经理，如果想和团队成员建立更牢固的信任关系，就需要多了解员工。

团队聚餐是了解员工不错的方式。在聚餐的时候，销售人员比较放松，可以说出心里话。作为销售经理，可以主动和下属谈心，了解他们的想法。同时，也可以适当地透露个人情况，让销售人员更愿意分享，可以聊聊自己的爱好、经历、家庭和子女情况。在私下与销售人员沟通的时候，销售经理要真诚、放下架子，让销售人员感觉轻松和自然。

另外，销售经理还可以通过其他方式来了解员工，比如定期地一对一面谈，让员工有机会表达自己的想法。在员工表达想法时，销售经理要认真倾听和给予积极的反馈。此外，销售经理可以组织团队活动，比如旅游、运动等，让员工在放松的环境下交流和互动。这不仅可以拉近团队成员之间的关系，也可以了解员工的兴趣爱好和个性特点。最后，销售经理要关注员工的培训和成长，为员工提供发展机会，让员工感受到自己的价值和成长。这也是建立员工信任的重要途径。

总之，销售经理要通过多种方式了解员工，让员工感受到被重视和关心，从而建立起良好的关系。

4. 提升期望值

提高销售人员对自我发展的期望值，可以提升销售人员的工作动力，营造更积极的团队氛围。简单来说，当销售人员觉得有奔头的时候，他的工作积极性会变高。一个人的动力的大小，不仅取决于存量，也取决于可预期的增量。举例来说，一个年薪 50 万元的销售人员，如果在可预期的将来，收入在下滑，那么他是没有动力的。如果一个年薪 30 万元的销售人员，每年收入能保持 20%~30% 的增长，虽然他的收入比前者低，但他的工作积极性要高于前者。

销售经理可以通过培养销售人员的能力，增强销售人员的信心，从而提升销售人员的期望值。自我期望值提升了，销售目标也会提高，销售目标调整了，自我要求也会改变，销售的结果也会更好。这样实现了销售人员职业发展的良性循环。

5. 管理制度透明化，激励制度公开化

军纪严明、赏罚分明是军队战斗力的保障。同样，透明的制度、清晰的激励政策是销售团队保持执行力的必要条件。人们往往"不患寡而患不均"，如果销售经理不能做到"管理制度透明化、激励制度公开化"，那么销售人员会觉得不公平。这对团队执行力是不利的。因此，销售经理制定的管理制度和激励制度要公开透明。这样才能让销售人员感受到公平，激发他们的工作积极性，提高整个销售团队的战斗力。

第 10 章

SALES EXCELLENCE
A Guide to Career
Advancement from Sales
Novice to Sales President

销售经理如何驱动业务

提升团队执行力

销售经理经常遇到以下问题：销售经理安排给销售人员的工作，销售人员不按要求去做；销售人员的工作计划汇报得很好，但在实际工作中并没有按照计划执行。问题的根源就是执行力不足。当团队执行力出问题的时候，即使再优秀的策略，也难以获得好的结果。因此，执行力是销售团队完成任务的重要保障。

销售经理可以参考"执行力闭环"，如图 10-1 所示，通过 7 个步骤来提升销售团队的执行力。

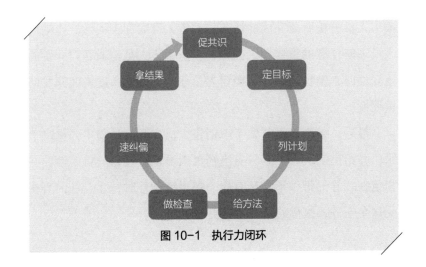

图 10-1　执行力闭环

促共识

　　提高销售人员的执行力的前提是，让销售人员认可他们要执行的任务。销售人员只会做自己认同的事情，对不认同的事情，要么不做，要么假装在做。在工作中，即使销售经理非常重视某项工作，并且加强监督，如果销售人员不认同，这项工作也很难被落实。因为，销售人员和销售经理之间没有达成共识。

　　首先，销售经理必须重视达成共识的重要性。在某项工作被执行之前，如果销售经理和销售人员没有达成共识，那么这项工作的完成将大打折扣，管理的时间成本也特别高。达成共识的时间成本可能会占整个任务执行周期的 20%~30%，但这是不可省略的。

　　其次，执行力的强弱取决于利益的大小。销售经理要帮助销售人员分析所要完成的任务与销售人员的利害关系，让销售人员理解任务的重要性。例如，在与销售人员沟通客户开发的重要性时，销售经理应从销售人员职业发展的角度说明开发的重要性。

最后，销售经理需要考虑销售人员在开发过程中的畏难情绪，并给出解决方案。只有当销售人员认可任务的重要性，并相信在领导的带领下自己有能力把事情做好时，才会从内心接受这个任务，执行的结果才会更好。

定目标

在达成共识的基础上，销售经理需要将销售人员的年度目标拆解成更具体、可操作性更强的季度、月度、周，甚至是每日的任务。这样做有利于提高销售人员的执行力，因为销售人员可以更加清晰地知道每天需要做什么，每周需要做什么，以及需要达到的目标是什么。以客户开发为例，销售经理可以根据销售人员的签单能力，将销售人员的年度目标拆解为每天和每周的客户开发目标，确保销售人员在日常工作中明确目标、达到目标。

在制定具体目标时，销售经理应该考虑到以下几个方面。首先，目标必须具体、可衡量，这样销售人员才能知道自己需要做什么，以及做到什么程度。其次，目标必须是可实现的，不能过高或者过低，否则会对销售人员的积极性产生负面影响。最后，销售经理需要及时跟进销售人员的工作进展情况，发现和解决问题，同时及时给予销售人员肯定和鼓励，增强销售人员的信心。

列计划

有了目标之后，销售经理要列计划，即把目标拆解到更具体的时间段，如月、周、天，甚至一天中的时段。这样可以更加有效地管理销售人员的执行情况。

同时，销售经理还需要监督销售人员的执行情况，按天、周、月检查销售人员的完成情况，这样可以确保销售任务的顺利完成。

给方法

销售经理要给销售人员提供培训，帮助销售人员掌握开发客户的方法。在培训过程中，销售经理可以根据销售人员的需求，有针对性地提供指导，帮助销售人员掌握工作方法和技能。同时，销售经理需要积极倾听销售人员的反馈，不断完善培训内容和方法，确保销售人员的学习效果。

做检查

销售人员不会做领导希望他做的事，他只会做领导检查的事。销售人员的工作意愿、自律性、认知水平都有差异，销售经理帮助销售人员定了目标、列了计划，依然不能保证销售人员按照计划执行。所以，检查非常重要。检查能够给销售人员压力，让他更重视这项工作，也能让销售经理及时发现销售人员执行任务中出现的问题。

速纠偏

检查是保证销售人员的执行力的重要手段，销售经理检查之后发现问题，需要及时告诉销售人员整改的办法。

首先，销售经理需要分析产生问题的原因。比如开发进度没有跟上，是由于销售人员不重视，还是因为销售人员没学会开发方法。销售经理在分析原因时要客观，不能随意猜测或指责，要有理有据地找到问题的原因。

其次，销售经理需要根据原因给出解决办法。如果是销售人员不重视的问题，销售经理需要重申这项工作的重要性，并强化销售人员对这项工作的认知。如果是因为销售人员没有学会方法，销售经理需要给予培训和指导，帮助销售人员掌握方法。

最后，销售经理需要给出调整建议，建议应该是具体的、可操作的，并且要有明确的时间节点和落实责任人。

拿结果

只有拿到了结果，这项工作才形成了闭环。结果的重要性主要体现在 3 个方面。

第一，优秀的结果能提升销售人员的成就感，增强他们的工作动力和执行力。当销售人员持续完成一个个小任务后，他们的成就感和信心就会提升，他们就会有动力去完成更大的任务。

第二，结果是执行力的体现，每一次达到目标都是一次胜利。这些小的阶段性结果能够强化销售的执行力，让他们更加自信、积极、认真地完成工作。

第三，只有阶段目标达到了，才能实现最终目标。一次次小胜利，才能最终构建起整个销售团队的成功。

通过以上措施，销售经理可以有效地提高销售团队的执行力，达到团队目标。

重点工作清单

销售人员升职为销售经理后，需要面对诸多挑战，除了需要转变理念和心态外，工作内容也发生了很大的变化。销售经理的主要工作包括以下几个方面。

客户开发的过程管理

对销售人员来说，最关键的销售动作是客户开发。如果销售人员没有开发客户的机会，就不可能有业绩。但是，开发客户难度很大，销售人员往往不愿意去做。因此，销售经理需要管理销售人员的客户开发过程，确保销售人员明确目标客户，找到相关负责人并约见。这个过程中，销售人员面临被拒绝是常态。因此，销售经理需要帮助销售人员克服困难，确保他们按照要求达到客户开发目标。

销售经理需要确保销售人员的黄金时间只做重要的事情。

对销售人员来说，最重要的事情有两件：客户开发和客户拜访。这两件事和销售人员的业绩直接相关。黄金时间指的是每天工作的 8 小时。销售经理需要帮助销售人员合理安排时间，确保他们在黄金时间只做客户开发和客户拜访的工作。

销售经理还要关注销售团队的黄金时间利用效率，可以采取以下措施。

首先，将黄金时间内只能做重要的销售行为（开发和拜访）列为团队行为准则，销售经理应带头示范。除了监督销售人员之外，当销售人员遇到困难时，销售经理要亲力亲为帮助销售人员。在黄金时间之外，销售团队才可以处理事务性的事情（如已签约客户的合同管理、开票等）。

其次，销售经理应关注有效客户开发量，而非单纯的电话量。有效客户指的是有需求并且找到决策人的客户。销售经理应每天检查有效开发情况，确认客户信息真实有效。

最后，销售经理通过每天检查工作发现销售人员存在的问题，从而辅导销售人员。例如，当发现销售人员没有找到关键人时，销售经理要了解销售人员的开发方法，找到销售人员在客户开发中的问题，给出新的建议和方法。

销售人员拜访管理

销售经理的主要工作之一就是管理销售人员的拜访。拜访客户是销售人员最重要的工作。因此，销售经理需要对销售人员的拜访数量和质量进行管理。销售经理应为销售人员制定拜访目标，要求销售人员写工作日报，汇报拜访的情况和下一步的计划，并每天进行点评。销售经理还可以要求销售人员写周拜访总结。周拜访总结包括拜访客户的数量、拜访效果、下一步的跟进计划等。对于重点客户，销售经理需要陪访。这可以帮助销售经理更准确地掌握客户需求，提高赢单概率，同时也是检查销售人员拜访质量的好方法。因为销售经理的时间有限，可以根据客户规模，约定陪访客户的金额要求。

过客户的管理

过客户的价值如下。

1. 制订团队销售计划，明确年度、季度、月度工作重点

通过对销售名单、信息、机会，以及老客户进行盘点，销售经理能够帮助销售人员找到自己的任务差距，进而确定个人的任务完成策略和计划，即个人业务承诺书。此外，销售经理还需要根据销售团队的数量和成单周期进行合理分配，并制订详细的年度、季度、月度销售计划。这些计划和策略需要针对不同的销售人员进行个性化定制，以实现销售业绩的最大化。

2. 提高销售业绩预测的准确率

过客户的时候，销售经理能够帮助销售人员更准确地分析项目的赢单率，从而提高签单预测的准确率，为制定任务完成策略和资源分配提供决策依据。

具体来说，过客户可以帮助销售经理和销售人员对项目的情况进行全面的评估，包括客户需求、竞争对手、跟单周期等，通过对这些因素的深入研究，销售经理可以帮助销售人员确定更加准确的赢单率，进而制订更合理的销售计划和任务完成策略。此外，过客户还可以帮助销售经理和销售人员发现并解决项目中存在的问题。

3. 帮助销售人员建立工作的优先顺序

销售工作优先顺序见表 10-1。

表 10-1　销售工作优先顺序

序号	阶段	重点工作
1	即将成交	优先处理
2	客户开发	分析潜在客户群体，进行客户精准开发
3	销售线索	仔细审查，判断哪些客户值得跟进；按照一定的标准进行客户分类
4	销售机会	进一步审查，确定重点跟进销售机会；按照客户分析的要求，把握销售机会

对销售人员来说，需要将即将成交的项目放在首要位置，这样可以确保团队的销售业绩。客户开发同样是非常重要的，它可以带来更多的销售机会。销售人员需要认识到这一点，并建立正确的工作优先顺序，将时间和精力分配到不同的销售工作上。

销售经理通过过客户来帮助销售人员确定工作优先级，这可以减少销售业绩的起伏和波动，确保销售业绩的持续增长。同时，也可以提高销售人员的工作效率，让他们更有动力去发掘销售机会。

4. 发现销售人员的能力短板，对其进行辅导

通过过客户，销售经理可以帮助销售人员识别销售能力短板。如果销售线索多，但有效销售机会少，可能是销售人员约访能力待提高，或者在激发客户兴趣阶段能力欠缺，解决方案包括提高销售约访能力、培训销售人员激发客户的兴趣的技巧等。

如果销售机会较多，但签单量较少，可能是销售人员在决策链分析、挖掘客户需求等方面能力欠缺，或者在价值呈现、促进成交等方面的能力待提高，解决方案包括加强销售决策链分析能力、提高销售呈现价值的能力等。

销售经理可以针对不同的能力缺陷，制订具体的辅导和培养计划。例如，提供培训、分配导师等，从而实现销售人员的精准培养。

5. 判断项目赢单率，制定项目赢单策略及下一步的行动计划

"过客户"是 B2B 销售管理中的关键流程，通过对销售机会和项目的评估和管理，以提高赢单率和完成销售任务。销售经理需要监督赢单策略和行动计划的执行，确保销售人员完成任务。

在实践中，销售经理可以采用"九段过客户"的方法来"过客户"，如图 10-2 所示。

图 10-2　九段过客户

按照过客户的顺序把过客户分为 9 个动作：定目标、备信息、查漏斗、巧分析、做判断、细指导、盯进度、给支持和要结果。这 9 个动作可以归纳为 3 个步骤，即分析、判断、指导。

过客户可以帮助销售经理了解团队的业绩情况，以便及时发现问题，给出解决方案，可以帮助销售人员树立目标，明确自己的工作情况。销售经理给出意见和建议，有助于销售人员调整工作方法，实现工作目标。

销售人员的培训和辅导

培养团队是销售经理最重要的工作，培训是提升销售团队能力的重要手段。常规培训通常在非黄金时间，每周一次，与周例会合并进行。培训分为集中培训和个性化培训两种形式。虽然培训所获得的技能只占销售人员知识量的 10%~30%，但从时间投入来看，培训是一件投入产出比很高的事。培训能帮助销售人员构建系统的方法论和思维方式，提高销售的认知水平。集中培训要结合当期重点工作展开，有针对性地培训可根据销售工作中遇到的困难来确定，同时，陪访客户也是销售经理重要的辅导机会。

在见客户前，销售经理应该与销售人员沟通见客户的思路和策略，了解销售人员的想法，并提供建议。

在见客户的过程中，销售经理根据销售人员的能力和客户的重要性，决定由自己还是由销售人员主谈。如果由销售人员主谈，销售经理需要在沟通过程中把握方向，并在进展不顺利的情况下，引导谈判的走向，确保达到谈判效果。

在见客户后，销售经理应该与销售人员复盘拜访的情况，指出销售人员做得好的方面和需要改进的地方。拜访复盘，可以让销售人员发现自己的不足，进而提高销售技能。

输出倒逼输入，能说出来才是懂得，能做到才是知道。每次培训结束后，销售人员应该分享学习收获，以检验培训效果。分享方式有三种：现场随机抽取的个人分享、会后微信群内分享、下次培训前的随机分享。分享可以让销售人员重视培训，从而提升学习效果。销售人员 70% 的工作技能是通过实践完成的。因此，销售经理需要做好教练工作，可以采用"我说你听，我做你看，你说我听，你做我看"的辅导方针。例如，对于提升销售人员客户开发能力的培训，销售经理可以先培训客户开发的技巧和方法，然后现场演示给销售人员看，接着让销售人员复述培训要点，最后让销售人员实际操作，并给出建议和反馈。这个过程反复刻意地练习，就能提高销售人员的销售水平。

总结和复盘，提升能力

在销售工作中，总结分为日总结、周总结、月度总结、季度总结和年度总结。

日总结主要包括当天的客户开发数量、拜访数量等信息。这些信息可以以日报的形式提交。通过日总结，销售经理可以及时了解销售人员的工作情况。

周总结则主要包括每周的有效开发量、拜访客户数量、签约新客户数量，以及续签老客户数量等工作成果。在周总结中，销售不仅要总结工作量，还要说明未完成工作任务的原因，以及下一步追上进度的计划。如果销售人员完成了周计划，就要分享自己的成功经验和方法，以供其他销售人员学习。

月度总结、季度总结和年度总结则需要销售人员更全面地总结工作成果。在总结中，销售人员可以分析自己工作的亮点和不足，并提出需要的支持。

总之，总结是销售工作中不可或缺的环节，它可以帮助销售人员及时调整工作计划、提高工作效率、发现问题并加以解决，提高工作能力和水平。

《刻意练习：如何从新手到大师》一书揭示了成为高手的关键在于刻意练习，即使具备天赋的人，也需要刻意练习。科比、梅西、郎朗等顶尖人物的成就，就是刻意练习的结果。

练习并非目的，而是手段，通过不断练习、修正和调整，能够最终掌握一项技能。刻意练习必须结合复盘，才能有更好的效果。

复盘对提升团队能力至关重要。通过复盘，销售人员不仅可以复盘自己的经验和教训，还能学习别人的方法。这将大大提升进步的速度。例如，参与项目复盘会，销售人员每次听 10 个同事的项目复盘，一次可以学习 10 个人的经验和方法。如果团队坚持做复盘一年，相当于销售人员掌握了 10 年的工作经验！

经理团队的复盘有很多形式：根据工作内容分为"开发复盘""拜访复盘""新签单复盘""客户运营复盘"等；根据时间分为"每日复盘""周复盘""月度复盘""季度复盘""年度复盘"。

在团队拜访复盘会中，通过复盘可以分析出拜访失败的原因。例如，是专业知识的欠缺或者客户需求没有挖掘到等。找到原因后，销售人员下次就知道在哪方面改进了。

以项目复盘为例，复盘的流程包括 6 个部分：项目情况、简明回顾、评估结果、详述过程、分析总结和推广应用。销售经理可以把复盘的流程标准化，即每次复盘包括哪些环节和内容，从而提升复盘的效率和效果。

把控业务节奏，对的时间做对的事

销售经理需要在正确的时间做正确的事情，不能总是处于救火队长的状态。我们可以将销售过程比喻成农民的耕作，因为它们有类似的规律和节奏。

1. 春播—开发

农民如果错过了春播时间，即使耕作的经验再丰富、再勤奋，也不可能有好的收成。

同样的道理，销售人员如果没能在恰当的时间开发出足够的客户机会，即使他再优秀，也不可能有好的业绩。

2. 夏长—互动

农民到了夏天，需要为庄稼浇水、施肥、锄草、喷洒农药，如果这些工作做得不到位，庄稼苗就保不住，更不可能获得丰收。

当销售人员把客户开发出来之后，拜访、挖需求等维护客户的工作是重中之重，如果不重视或者没做好，前期开发客户的努力就白费了。

3. 秋收—抢单

到了秋天，农民需要收获农作物，如果不把农作物收回家，农作物就会坏在田地里。

销售人员经历了开发和客户维护阶段，收单工作必须做好，不然客户就被竞争对手签约了。

4. 冬藏—服务

冬天农民会盘点今年的收成，储存好口粮，同时为来年留好种子。

销售人员在这个阶段，需要服务好客户，同时为明年的工作做铺垫。

耕作的规律是不以人的意志为转移的，违背了这个规律，就不可能丰衣足食。

销售的规律也是客观存在的，只有掌握了这个规律，顺应规律做事，才能事半功倍。

销售经理的任务清单

销售经理每天的禁忌清单和任务清单，需要注意以下几点。

1）不要贪多，列 6~8 件事情即可。

2）根据重要性排列，将最重要的事情放在前面。

3）为每件事情分配好具体的完成时段。

4）每天下班之后，复盘清单的完成情况，并反思如何提升时间利用率。

为了提高工作效率，销售经理需要遵循 4 个原则：要事优先、懂得拒绝、效率提升和坚持原则。

SALES
EXCELLENCE

A Guide to Career
Advancement from Sales
Novice to Sales President

销售经理的自我成长

销售经理是销售人员到管理岗转型的第一站。这两个不同身份的切换，销售经理需要从以下几个方面做自我提升。

学习更多的知识

这些知识包括：心理学、管理理论、人力资源管理、市场营销、数据分析等方面。销售经理可以选择以下几种学习方式：

1）读工商管理硕士，给自己提供一个学习管理知识的环境。销售经理可以带着自己的问题去读书，通过课堂学习、与老师和同学交流等方式，获得管理知识。

2）**请教更资深的同事或者朋友。**销售经理遇到管理问题可以向更资深的同事或者朋友请教，他们都经历过，听听他们的意见，可以让自己少走弯路。

3）**带着问题去看书。**例如，当遇到员工激励难题时，销售经理可以找到相关的书籍，在书中寻找答案。

保持积极的心态

积极乐观的销售经理可以激励团队成员，增强团队成员的归属感，激发他们的工作热情，从而提高销售业绩和客户满意度。以下是一些具体的建议，可以帮助销售经理保持积极的态度。

1）**培养乐观的态度。**面对工作中的挑战和困难，销售经理需要保持乐观的心态，相信自己和团队能够克服困难，取得成功；可以通过阅读正能量的书籍或文章、和积极的人交往，培养自己的乐观心态。

2）**学习新的思维方式。**销售经理需要学会采用不同的思维方式来看待问题；可以采用积极的态度去面对挑战和问题，寻找解决问题的方法；同时也可以从失败中吸取经验教训，不断总结经验，提高自己的管理能力和领导能力。

3）**培养良好的情绪管理能力。**销售经理需要学会控制自己的情绪，以平静的态度去面对工作中的各种挑战；可以采用运动、休闲等方式来缓解压力，保持良好的状态，同时也可以通过自我调节，保持良好的情绪。

4）树立自信心。销售经理可以通过不断学习和提高自身的能力积累经验，从而增强自信心，同时也可以通过赞美和鼓励团队成员，让他们感受到团队的信任和支持，从而激发他们的工作热情和创造力。

只有通过调整心态、培养乐观情绪、树立自信心等方式，才能够始终保持最好的状态，才能更好地激励和支持团队成员。

提升写作和表达能力

这里说的写作能力是指总结能力。销售经理最重要的任务是培养人。培养人需要销售经理具备理论总结能力，只有具备总结能力，才能把方法复制给团队，提升团队的能力。

为了提高写作能力，销售经理要重视每一次工作分享。工作分享是向上级汇报工作结果、获得领导指导的好机会，同时也是一个总结经验的契机。输出多少等于收获多少，销售经理能把工作做好，还能把工作总结做好，那么其能力将获得进一步提升。

养成写作的习惯，可以提升写作和总结能力。例如，参加公司会议，可以写会议收获；当读完一本书之后，可以写读书分享。

演讲能力非常重要，领导力来自影响力，沟通可以提升影响力。在演讲的时候，销售经理可以把思维和观点更好地传递给下属，这样有利于和团队达成共识。销售经理要积极参加公司的工作汇报，参与公司的演讲比赛等活动，提升自己的演讲能力。

学会自律，提升个人形象

提升个人形象容易被忽视，但是同样重要。良好的形象可以展示职业素养，也是对别人的尊重。以下是一些可以提升销售经理个人形象的建议。

1）保持良好的仪态和形象。作为销售经理，外表和形象需要给人留下良好的印象。销售经理应该注重穿着、发型、妆容等细节，保持整洁、干净和专业的形象。这不仅有利于展现个人品质，还会让团队成员和客户对销售经理产生信任和尊重。

2）建立良好的口碑和信誉。作为销售经理，需要注重建立良好的口碑和信誉，应该以客户为中心、诚实守信、遵守承诺，并积极解决客户的问题和满足客户的需求，树立良好的个人信誉。

3）建立良好的人际关系。作为销售经理，需要注重建立良好的人际关系，应该尊重团队成员，耐心听取他们的意见和建议，并积极地与他们交流沟通，建立起良好的信任和合作关系。这可以了解团队成员的想法，进而更好地管理团队成员。

第 3 篇

"将军"之路：
销售如同下棋，布局优先

第 12 章
新任销售总监常见的误区

本章重点讲述新任销售总监经常会犯的错误，帮助销售总监合理地避开"陷阱"。这些错误包括但不限于花费太多时间在具体项目上、只注重业绩，忽视销售过程、选择不合适的人当经理等。

第 13 章
销售总监需要具备的工作理念

本章重点讲述销售总监所需的正确工作理念，建立对这一职位的正确认知，比如宏观战略思维、数据分析思维、人才管理思维、创新思维、持续学习思维等，通过多维度阐述来提升销售总监的思考力，以及看待问题的全面性。

第 14 章
销售总监的重点工作内容

本章重点讲述销售总监的工作思路，通过 36 个字来概括销售总监的大部分工作内容，建立一个清晰的作战地图，制订正确的工作计划，更好地完成公司下达的任务指标。

第 15 章
销售总监的领导力修炼

本章重点讲述销售总监领导力的内涵，需要具备的几项关键能力，也是销售总监修炼的"内功心法"，只有不断提升自己的领导力，销售总监才能带领团队做出更大的成绩。

新任销售总监常见的误区

　　随着公司的发展和个人能力的提升，优秀的销售经理有机会转型成为销售总监。这对每一个追求职业发展的销售经理来说，都标志着职业生涯的重要进步。新任销售总监是因为过去的出色业绩而被提拔的，这是个新的机遇，同时也是个巨大的挑战。

　　然而，很多新任销售总监往往在很长一段时间内仍然沿用担任销售经理时的工作方式。他们认为，销售总监只是管理范围更大、权力更大而已，与销售经理并没有本质的区别，被提拔为销售总监只是公司对他们过去业绩的认可和奖励，而没有从内心深处理解销售总监需要承担更大的责任，对工作理念、工作技能和时间管理的要求也完全不同于销售经理。

新任销售总监如果不能及时转变自己的理念，可能会面临职业生涯的瓶颈。为了帮助新任销售总监顺利实现转型，需要分析常见的误区和错误。

过多关注具体项目

销售经理管理的团队规模相对较小，因此他们可以在具体项目上投入大量精力，如过客户、陪同拜访，甚至自己参与项目等。但是，对销售总监来说，这样的工作方式是不可取的。由于销售总监负责的团队规模更大，如果仍然保持这种方式，一是会导致自己忙不过来，二是会让销售经理产生挫败感，不利于培养销售经理。因此，销售总监需要逐步减少对具体项目的关注，从而更多地关注团队整体运营和管理。

忽视销售过程管理

销售总监容易犯的另一个错误是，只关注业绩数字，而忽视了对销售过程的管理。他们每周召开例会，仅仅关注各个小组的业绩完成情况，对于业绩好的人进行表扬，对于业绩不佳的人进行批评。这样的做法会让销售总监变成一个高高在上的领导。实际上，业绩只是销售活动的结果，而销售过程才是真正可以被管理的。因此，销售总监应该更多地关注销售人员的具体活动，从销售过程入手，实现对销售团队的有效管理。

选拔不合适的销售人员当经理

选拔合适的销售经理，是销售总监最重要的职责之一。销售总监在选拔销售经理的时候，最容易犯的错误主要是以下两个方面。

其一，有些销售总监只提拔业绩优秀的销售人员当销售经理。销售总监应该从更宏观的视角出发，选择真正适合担任销售经理的人才，避免只看重业绩而忽视其他重要因素。很多时候提拔业绩优秀的销售人员当经理的结果就是多了一个平庸的经理，少了一个优秀的销售人员。销售总监应避免这种情况的发生。

其二，有些销售总监只提拔听话的人，这种做法是为了维护自己的权威而没有考虑人员的实际能力和工作风格。销售总监应该按照"求同存异"的原则，挑选具备领导才能的销售人员，而不是只提拔与自己风格相同、"听话"的销售人员。销售总监的格局应该更大，能够与不同风格的销售经理合作，共同实现企业目标。

只注重短期业绩

销售人员为了完成任务，有时会签低质量的单子。销售总监应该时刻牢记企业的长远发展目标，不能为了短期业绩而牺牲企业未来的发展。销售总监应该带领销售团队寻找高质量的业务机会，提高签单质量和利润，维护公司的品牌和声誉，而不是为了完成任务而盲目签单。

灵活有余

销售总监需要遵循一些明确的原则来管理销售团队，而不是过度依赖灵活性。例如，在处理销售撞单和审批低单价、低利润项目时，销售总监应该建立一些明确的规则和流程，以确保销售团队行为的合规。同时，销售总监需要制定明确的指导方针，帮助销售人员了解如何在不违反公司价值观和商业道德的前提下完成销售任务。

对于销售人员的不道德或不合规行为，销售总监需要及时介入，遏制不良行为，加强对销售团队的教育和培训。销售总监应该建立良好的工作氛围，激发销售人员的积极性和创新精神，同时强调合规性、道德性，鼓励销售人员在达成销售目标的同时维护公司的声誉和长远发展。

不尊重职能部门

销售人员通常只思考如何尽可能地满足客户的需求，将客户需求转化为公司的产品和服务，从而赚取业绩提成。这是一种典型的销售思维方式。与之相反，职能部门则更关注在现有的资源和技术条件下，如何最大限度地提供服务，较少关注客户的具体需求。他们的思维方式通常是"我能做什么，我需要做什么"。这种职能思维在一定程度上会影响销售人员和职能部门之间的合作关系。销售人员往往会忽视职能部门的劳动成果，而这会导致他们在公司内部面临各种困难。因此，销售总监需要尊重职能部门的劳动成果，协调销售团队与职能部门之间的关系，以确保团队在公司内部获得足够的资源和支持。

忽视市场的力量

在 B2B 业务为主导的公司中，销售人员拿下订单确实是完成业绩的保证，但这并不意味着销售团队的地位高于市场部门，实际上两个部门是相互依存的。销售总监应该认识到市场部门的重要性，借助其力量帮助销售团队更好地开发客户和促进客户机会的转化。

市场部门的职责是研究市场和客户需求，制订市场营销计划，进行品牌推广，促进业绩增长。销售总监可以通过与市场部门的紧密合作，了解客户的需求和市场趋势，帮助销售团队更加精准地开发客户，提高签单效率。销售总监还可以通过参与市场活动，加强与客户的沟通，提高公司品牌的知名度，促进业绩增长。

在实际操作中，销售总监可以考虑建立市场部门和销售部门的协同机制，确保两个部门之间的信息流通和合作顺畅。销售总监可以邀请市场部门参加销售部门的会议，分享市场信息和客户需求，以便销售团队更好地开展业务。同时，销售总监还可以与市场部门合作制订市场营销计划，共同推动业绩增长。

不能持续学习

从销售人员到销售总监再到区域总经理或集团销售总裁，每一次晋升都需要付出巨大的努力。但实际上，大多数销售人员无法跨越职业瓶颈，许多销售总监无法晋升到更高级别的职位。

一方面是因为职场的金字塔结构，职位越高机会越少；另一方面则是因为许多销售总监缺乏持续学习和进步的动力，进步的速度跟不上公司发展的需要。许多销售总监认为他们已经经验丰富了，对销售了如指掌，不需要再学习。再加上资历等原因，他们认为自己不再需要进一步提升，这导致他们将永远停留在销售总监这个职位，甚至会因为跟不上公司的发展速度而被淘汰。

　　以上是新任销售总监常见的误区和错误。销售总监要想成功转型，需要持续学习和改进，尤其是在工作理念、工作技能和时间管理等方面。只有这样，才能获得更大的进步和成功。

第 13 章

SALES
EXCELLENCE
A Guide to Career
Advancement from Sales
Novice to Sales President

销售总监需要具备的工作理念

新任销售总监为了避免走入误区，首先需要树立正确的工作理念。

1）**树立宏观战略思维。**要从公司的宏观战略出发，与其他部门紧密协作、协调资源，为公司整体业绩增长做出贡献。

2）**学习数据分析的方法。**要有数据分析能力，依据市场趋势和销售数据调整销售策略，优化销售团队的绩效，提升其业绩。

3）**合理授权、当好团队的教练。**要有卓越的领导力和管理能力，帮助销售团队实现成长，吸引和留住优秀的销售人才。

4）**创新创意。**要有创新创意思维，不断寻找新的商业机会，开拓新的销售渠道，提升产品和服务的品质，打造公司的核心竞争力。

5）**坚持持续学习**。要持续学习和提升自己的能力，紧跟市场变化，不断拓展自己的知识和视野，为公司的发展贡献更多的智慧和力量。

以上这些工作理念的建立，可以帮助销售总监更好地适应新角色，协调各部门的合作，推动公司的发展，实现职业生涯的顺利转型。

树立宏观战略思维

作为销售团队的领导者，销售总监最重要的职责是制定团队销售策略，实现区域发展目标。这项工作是销售总监最重要的任务。为了实现这一目标，销售总监需要培养自己的大局观，具备战略思维。在销售总监这个层面上，战略思维是指销售总监要充分理解公司的战略规划和区域发展策略，并以适当的方式传达给销售团队，确保销售团队理解到位、最终执行到位。如果销售总监缺乏战略思维，不能从组织的角度考虑问题，公司战略将很难落地。

在公司推出新的业务线时，销售总监往往成了"障碍"，因为在整个传递信息的链条中出现了断点。销售团队关注的是签单，销售经理和销售总监关注的是业绩目标的达成，但没有站在公司的角度考虑问题。这就是为什么销售团队只顾达成销售目标，不关心公司战略目标的原因。销售经理并不要求具备战略思维，但销售总监必须确保整个销售团队朝着公司期望的方向前进。只有这样，才能实现公司的发展和转型。

学习数据分析的方法

数据分析思维是指一种思维方式，它强调通过收集、处理和解释数据来做决策。在这种思维方式下，数据不再仅仅是一些数字或信息，而是一种能够帮助我们理解世界、识别模式和发现趋势的强大工具。

数据分析通常包括以下几个方面。

1）**数据收集**。数据分析思维需要对数据的来源、收集方式，以及数据的准确性进行深入的思考。在数据收集过程中，需要考虑如何避免数据收集中的偏差，并且需要对数据进行清洗和整理，以保证数据的可靠性和准确性。

2）**数据处理**。在收集到数据之后，需要进行数据处理和分析（包括数据的转换、清洗、整理和统计等工作），以便更好地理解数据并从中发现模式和趋势。

3）**数据解释**。数据分析思维需要将数据转化为有意义的信息。在解释数据时，需要考虑数据的背景和目的，并通过数据可视化和报告等方式，将数据转化为清晰、易于理解的信息。

4）**决策支持。**最终数据分析思维需要将分析结果应用于实际情况中，以支持决策和规划。数据分析可以帮助我们更好地理解现有情况，并制定更有效的决策和策略。

对销售总监来说，必须重视数据分析，建立数据分析思维。销售人员可能同时跟进和维护 10~30 个客户，销售经理同时管理 50~200 个客户，到销售总监这个层面，就需要管理1000 个客户了。当然，不同的业务模式客户数量不同。

这决定了销售总监很难对每一个客户的情况都了如指掌，也不可能陪同销售人员拜访所有的客户。销售总监必须学会从销售团队的过程数据中找到管理方向和重点，通过分析市场和竞争对手的数据制定销售策略。

合理授权

销售经理在销售总监领导下，负责具体的业务，而销售总监需要制定销售策略、协调各部门、促进销售目标的实现。因此，销售总监需要明确自己的职责和工作重心，避免过多直接参与销售人员的具体项目，避免销售人员绕过销售经理直接向销售总监汇报，剥夺销售经理的管理权限，伤害销售经理的工作积极性。

销售总监应该学会授权，让销售经理承担更多的责任，从而激发他们的工作潜力。这并不意味着销售总监完全不管，而是在授权的基础上，建立相应的问责机制，监控关键环节，确保销售任务的完成。这样做不仅可以提高销售团队的工作效率和执行力，还可以让销售经理感到被尊重和肯定，有助于激发他们的工作热情和创造力。

当好团队的教练

销售总监需要将自己视为一位"教练"，通过充分授权来培养销售经理，使他们能够独当一面，而非把经理当作自己的助理。为了做到这一点，销售总监应该从以下三个方面考虑。

首先，销售总监需要建立销售经理的辅导和反馈机制，帮助他们确定销售目标和工作计划，并在销售经理能力不足时，及时提供辅导和反馈。销售总监不能跳过销售经理直接指导销售工作，也不能完全不管，任由销售经理自由发挥。

其次，销售经理代表的是其带领的 5~8 人的销售团队，销售总监应该将销售经理视为一个团队而非个人。销售总监需要辅导销售经理提升领导力，而非只是提高其个人业务能力，如果处理不当，可能会将销售经理视为销售人员，从而助长个人英雄主义。

最后，销售总监需要因材施教。作为一名"教练"，销售总监需要针对不同风格和能力的销售经理，采取不同的管理和领导模式。

创新创意

创新创意思维是指在解决问题、推广新产品和服务时，使用一系列独特的思考方式和方法，以找到新的、非传统的方法来解决问题。这种思维方式主要关注的是如何跨越传统的思考模式，挖掘创新的潜力并采取创新方法解决问题。创新思维的本质在于挑战现有的想法，创造新的价值。

在创新创意思维中，一个重要的方面是激发个人的创造力。这种思维方式通过一系列的方法和工具帮助个人思考创造性的解决方案，例如思维导图、头脑风暴、逆向思考等。同时，还需要有一种开放和灵活的心态，接受新的想法和不同的观点，并尝试将它们整合到创新性的解决方案中。

创新创意思维也强调了多学科、跨行业和跨文化的交叉融合。这种思维方式通常需要从不同的领域中汲取灵感，整合各种不同的思维方式和方法。这种交叉学科的方法能够激发更多的创新点子，并且有助于创造更有创意的解决方案。

创新创意思维需要持续不断地反思、评估和改进，它鼓励从失败和错误中学习，寻找可以改进的方面，并尝试不断地提高。

持续学习

持续学习思维是指一种不断学习和更新知识的思维方式。

这种思维方式认为学习不应该只是为了完成学业，而是终身学习。它强调个人对知识和技能的持续追求和热爱，以及持续不断地开拓新的学习领域和机会。

持续学习思维的核心是通过不断地学习和尝试新事物来更新和完善自己的技能和知识。这包括接受新的知识和理论，了解行业趋势和新技术，以及学习新工具的应用方法。在持续学习的过程中，个人需要持有开放、好奇、勇于尝试和接受失败的心态。

持续学习思维的实践方式有很多种，其中一种是定期参加培训、学习课程和研讨会，以获得新的知识和技能，另一种是阅读书籍、期刊等内容，以及通过社交媒体、行业论坛等了解最新的行业动态和趋势。此外，也可以通过参加行业会议、网络交流、与同行合作等方式来拓宽自己的视野和学习机会。

持续学习思维的好处是显而易见的。它可以帮助个人适应快速变化的工作环境和技术发展，提高个人竞争力，促进职业发展。同时，持续学习也能够提高自我认知和自我管理能力，增强自信，促进成长和发展。

以上这些工作理念的建立，可以帮助销售总监更好地适应自己的新角色，协调各部门合作，推动公司的发展，实现职业生涯的持续进步。

销售总监的重点工作内容

为了实现公司的战略目标和完成年度任务，销售总监需要树立正确的工作理念，优化自己的领导能力和管理能力，高效地管理自己的时间，避免常见的管理错误。

销售总监需要制定部门规划，建立一个清晰的作战"地图"，以此来指导自己的工作。作者根据过去的经验，总结出一套 36 字指导方针，涵盖销售总监工作的大部分内容，作为制定部门规划和开展工作的基本思路，如图 14-1 所示。

图 14-1   销售总监工作的 36 字指导方针

下面在 36 字指导方针的基础上，对销售总监的核心业务工作进行分析归纳和总结。

制定正确的销售策略

目标客户的选择是开展销售工作的起点，只有明确了目标客户群体并找到理想的客户画像，才能制订具体的客户开发计划。每个公司都有理想的客户画像，它必须考虑到公司发展阶段的需要。以 B2B 销售模式为主导的公司需要调整客户结构，获得更多优质客户，才能更好地发展。

目标客户锁定

为了更好地对目标客户群体进行分析和选择，我们需要对整个市场情况进行分析。以 B2B 的销售市场为例，市场分析包括以下要素：宏观政策、市场占有率、行业属性及业务特点、竞争对手SWOT分析等。

1）宏观政策主要是指国家政策对行业的影响，例如在大健康产业方面，国务院在《关于实施健康中国行动的意见》中指出"坚持预防为主，把预防摆在更加突出的位置"，此类政策会直接影响行业、公司和个人。

2）市场占有率需要了解所处行业的整个市场总量、区域总量、公司的市场占有率和竞争对手的份额。

3）行业属性及业务特点则需要考虑不同的行业属性和细分市场，例如政府、民营企业、外企等，同行业客户的业务模式和采购特点相似，包括采购方式、决策流程和客户需求等。

4）竞争对手SWOT分析。企业通过竞争对手SWOT分析，了解同行业、同类型公司的产品、销售策略、价格、销售人员特点等，找出每一个维度上公司的优势和劣势，以便在市场竞争中知道赢单点在哪些环节。

这些要素分析清楚以后，就可以判断公司在行业的整体水平和市场地位，从而做出市场和客户群体选择。需要特别说明的是，选择适合的客户群体除了要考虑公司的战略目标外，也需要考虑当下销售团队的能力。例如，在员工福利市场中，如果销售团队成员都比较年轻、资源有限、能力也需要提升，那么选择民营企业、外企作为主攻客户群体是正确的。如果国企、央企是目标客户群体，就需要设定一个2~3年的目标，招聘新销售，去主攻这部分市场，通过时间换空间，在短期和长期之间取得好的平衡。

除了新客户开发，老客户持续经营也非常关键。销售总监需要根据公司整体的战略做出选择，实现公司的目标。如果公司近两年的战略目标是提升客户质量，实现高质量的增长，那么不符合公司要求的客户就必须放弃。

销售策略和计划的制定及执行

公司通过市场分析，明确客户群体之后，下一步是制定公司的营销策略。营销策略包含市场策略、销售策略、产品策略和价格策略等方面。将战略与战术链接，让战略直达销售人员（后面会讲到），而销售总监的任务是制定销售策略和具体的销售计划。

制定销售策略需要考虑影响销售策略执行的各种因素，还需要建立完整的检查和反馈机制，形成闭环。这样可以确保目标、策略、计划和执行的一致性。制定销售策略的方法如图 14-2 所示。

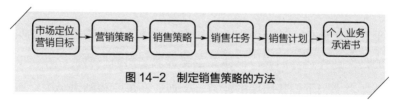

图 14-2　制定销售策略的方法

图 14-2 展示了销售策略制定的整体过程，其中市场定位和营销目标是通过对目标市场全面分析得出的结果，这个过程也被称为战略 4P，包括市场调研（Probing）、市场细分（Partitioning）、市场选择（Prioritizing）和市场定位

（Positioning）。

我们已经讨论了 4P 的前 3 个部分。市场定位讨论的是在确定的目标客户市场中，我们的优势是什么？我们想要以什么方式获取市场份额？是提供解决方案，为客户创造更多的价值，还是压低成本以更低的价格满足客户的需求？

在 B2B 大客户销售中，更多的是选择前者，向客户提供完整的解决方案，为客户创造更多价值的同时也为公司赢取更多利润；而以电商平台为主的公司，需要提供更多的标准化产品，利用规模效应来提高市场份额。

战略 4P 是营销学中基本的分析模型，销售总监需要了解这些基本概念，以便能够将业务战略转化为营销策略，并将其落地。从战略 4P 到市场定位、营销目标再到营销策略是将业务战略转化为营销策略的过程，后续的销售任务、销售计划和个人业务承诺书是具体的营销和销售策略落地措施。

销售总监的职责是将公司的业务战略和营销目标分解并落地。只有这样，销售团队才能知道如何实施战略，其中确定关键销售任务是重要的一环。任务分解一定要与营销策略保持一致，例如在产品层面，如果营销策略涉及提高新产品产出，那么在任务分解中，应该将新产品产出占比纳入销售考核中。

表 14-1 是销售总监考核的参考指标，不同行业可以做适当的调整。销售经理的任务考核一般不考虑区域和部门利润，销售人员个人任务按照项目导向制定，不同岗位考核的重点也不一样。最主要的原则是一致性和相关性。

表 14-1   销售总监考核的参考指标

类别	指标
关键考核指标	公司利润完成率
	部门业绩完成率
	部门回款率
	老单续约率
	过程管理
	应收账款管理
	其余相关指标

表 14-1 涉及利润和回款考核。销售总监职位不仅是以业绩为导向，还需要具备经营思维，这一点要体现在销售任务和考核指标上。

需要特别强调的是，销售任务不是平时我们说的某个数字，例如团队需要在今年完成 1 亿元的销售额。销售任务指的是具体要完成的工作内容，也就是我们需要将营销数字目标分解成具体的业务举措。这才是销售任务的真正内涵。销售总监需要保持营销目标和关键任务的一致性。否则，就会出现关键任务已经完成，但营销目标没完成的情况。

销售总监将关键销售任务分配给销售团队，销售经理再将销售任务分解给销售人员。每个销售人员都需要有自己的个人任务计划书（PBC），这是帮助销售人员找到完成业绩目标的最优路径。首先，盘点客户和人员，找出增长点，即哪些项目能增长，哪些销售人员的业绩能增长；其次，激励和绩效传达到位，"行军打仗，兵马未动，粮草先行"，说的就是这个意思；
最后，需要具备长远眼光，明确未来的业务增长点，做出 2~3
年的规划。销售人员根据客户盘点的结果，制定每个客户的长
期跟进策略；哪些客户当年能签约，哪些客户明年能签约，哪
些客户后年能签约等，需要给出销售人员明确的判断方法和指
导建议。

销售计划制订完成后，销售总监的核心工作是检查和追
踪，确保进度与目标一致，重点关注销售行为。销售总监必须
定期回顾和总结，这是一个纠错和指导过程；随时关注销售人
员的动态，与团队达成共识，引导团队朝着共同目标前进。

搭建合理的组织架构

设计组织架构

销售总监如何更好地搭建组织架构？可能很多人认为，
销售总监带领的销售团队组织架构非常好搭建。销售组织架
构——对称结构如图 14-3 所示。

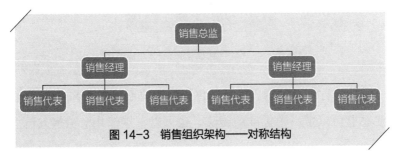

图 14-3　销售组织架构——对称结构

　　这样的组织架构看起来是顺理成章的，一个销售总监管
2~4 个经理，每个经理管几个销售代表，很多销售团队都是这
么搭建的。这个做法不能说错，但未必是最好的。组织架构搭
建需要考虑销售总监的风格和团队人员的实际情况。

　　如果销售团队人才济济，有足够多的优秀的销售经理，采
用这种组织架构当然是没有问题的。但实际上，我们会发现团
队并没有那么多能胜任销售经理的人才。在这种情况下，如果
非要采用对称结构，反而不是一件好事。

　　优秀的销售人员不一定会成为优秀的销售经理，甚至大
概率不会是。销售总监需要做的是充分发挥每一位同事的优
势，在选拔销售经理的时候，不能只看销售业绩，如果团队没
有更合适的销售经理人选，可以采取非对称结构。销售组织架
构——非对称结构如图 14-4 所示。

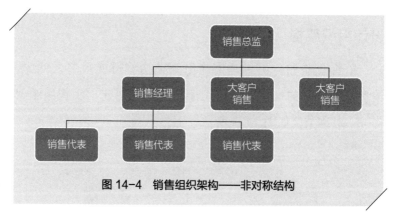

图 14-4　销售组织架构——非对称结构

　　非对称结构的意思是，销售组织架构不需要追求对称，销
售总监可以带一个标准的团队，也可以直接带几个销售人员。

这样做的好处是可以把合适的人放在合适的位置上，组织结构进一步扁平化，沟通效率也会更高。

在确定销售团队组织架构时，销售模式也是需要考虑的因素。对于 B2B 的大客户，特别是涉及大项目的销售模式，产品和解决方案的复杂程度比较高，这时候就需要设置售前支持和售后服务岗位，与销售人员形成良好的配合，提高工作效率，同时也为客户提供更加全面的服务。

在销售团队组织架构中，专业化分工是一个基本原则。不同的岗位需要不同的技能和专业知识。让专业的人做专业的事情，既可以提高每个销售人员的效能，同时降低对销售人员的要求，人员招聘也会更容易。

理清团队定位

团队是由多个成员组成的工作单位，它具备 5 个重要的构成要素。

1）目标（Purpose）。团队必须有一个既定的目标，以便为成员提供导航和方向，否则团队将毫无存在的价值。

2）人（People）。人是构成团队最核心的要素。3 个或 3 个以上的人可以构成团队。人员的选择是团队中非常重要的一部分，不同的人通过分工来共同完成团队的目标。在人员选择方面，需要考虑人员的能力、技能是否互补，以及人员的经验等方面。

3）团队定位（Place）。团队定位包含团队的整体定位和团队中成员的个体定位两个方面。团队的整体定位包括团队在企业中处于什么位置、团队的业务方向，以及团队最终对什么负责等。团队中成员的个体定位包括成员在团队中扮演的角色。

4）权限（Power）。团队中领导人的权力大小与团队的发展阶段相关。一般来说，团队越成熟，领导者所拥有的权力相应越小，在团队发展的初期阶段领导权是相对集中的。在一个团队中，权责利的合理配置会影响整个团队的工作积极性及主动性。如果权责利不清楚，内部会出现相互推诿、扯皮的现象。

5）计划（Plan）。目标最终的实现，需要一系列具体的行动方案，可以把计划理解成完成目标的具体工作程序。只有按计划进行，才会一步一步地贴近目标，从而最终实现目标。

团队对企业来说非常重要，团队成员要在不同的位置各尽所能，与其他人协调配合发挥作用。团队管理者要合理利用每位成员的知识和技能协同工作、解决问题、为组织创造效益，达到共同的目标。

每个人都身处团队之中，在团队中有着不同的角色，每个角色在团队中都发挥着不同的价值。是不同个性的人组成了团队，还是有着明确定位的团队选了合适的人？团队方向应该如何定位？

销售总监在明确团队定位的时候，既要考虑公司的战略方向，又要结合目前团队成员的风格和能力水平。以 B2B 销售为例，销售团队一般会按照客户群体的类型和职能分别进行定位。

从客户开发的角度来讲，根据不同的客户类型，可以分为不同的团队：政府机构、事业单位、国企、民营企业、外企等；也可以按照客户的规模来划分：小客户、中客户、大客户、超级大客户、战略客户等。具体如何分类，要结合实际的业务模式来确定。

由于销售团队负责的客户群体不同，需要根据客户特点有针对性地进行销售。以国企客户为例，国企客户具有忠诚度高、采购流程复杂、产品和服务质量要求高的特点，为了开展国企客户的业务，需要匹配专业度和关系能力强的团队。

在进行团队匹配时，除了要考虑团队成员的技能和经验外，也要关注团队成员之间的协调和配合能力。团队成员之间的默契程度，决定了团队的协同效率和业务成果。总之，销售团队需要根据不同的客户特点，灵活调整销售策略和团队配备，以达到最佳的销售效果。

从职能分工的角度来看，销售团队成员可以分为三种类型：后场支持型团队、中场维护型团队和前场进攻型团队。

后场支持型团队的核心任务是提高效率，成员对销售流程了解充分，能够快速处理标准化、重复性高的工作。他们不参与和客户的直接沟通，但能够提供专业建议和解决方案。通常每名后场员工可支持三名中场或前场人员。类似的团队有项目执行团队和项目助理团队。

中场维护型团队需要具备多维度的能力，包括一定的进攻能力和良好的服务能力。销售总监通过团队的分级分类管理，配合有效的绩效考核政策，给予团队适当的激励政策，团队通常可以控制工作节奏，很好地完成任务目标。类似的团队有大客户维护团队、老客户续约团队和中小客户服务团队。

前场进攻型团队成员专业能力强、善于与客户建立信任关系，具有开拓奋斗的精神。前场进攻型团队擅于客户开发和攻坚，团队成员能够互相交换信息、激发新的观点，解决面临的问题，攻克复杂的项目。类似的团队有战略客户定位团队、大客户定位团队和体系客户定位团队。

销售总监需要明确团队的定位，将合适的人放在合适的位置上，根据团队定位匹配销售人员，以提高团队的工作效率和业绩表现。

找准团队定位，精准匹配销售人员

销售方法是指销售团队在业务增长过程中遵循的业务指导原则。为了推进客户进入销售过程的下一阶段，销售团队需要根据市场规划、团队定位、客户定位和客户需求等因素，匹配合适的销售人员来实施销售策略。

业务机会的发展进程可以大致分为信息阶段、线索阶段、运作阶段和签单阶段。在信息阶段，销售人员需要收集目标客户的信息，并了解客户的战略定位、主营业务、核心竞争力、文化氛围、人才战略等，同时需要了解客户的采购需求。在这个阶段，销售人员应该是勤奋、韧性强、敏感度高的人，主要职责是通过信息的收集和分析来寻找销售线索。

在线索阶段，销售人员需要对客户整体进行判断，了解客户更换或采购的理由、采购决策链、客户想要解决的具体问题和采购方式等。这个阶段对销售人员的特质要求是：通情达理、善于分析客户、对客户需求敏感、具有实战经验；主要职责是理解客户业务，激发客户兴趣。只有客户产生兴趣，才是真正的销售机会。

在运作阶段，销售人员需要塑造我们的独特价值，分析决策群体中各个角色的需求，基于优劣势塑造竞争优势，并保持与客户的沟通反馈。这个阶段对销售人员的特质要求是：责任心强、情商高、心理素质强、专业方案能力强、懂得运作等；主要职责是确保客户各个采购角色对产品、服务独特价值的认可，以此获得客户对解决方案的理解和支持。

在签单阶段，销售人员需要了解客户的采购形式，是否需要进行招标投标，确定价格和方案在决策中的权重。还需要屏蔽外界对决策的干扰，全面考虑解决方案带给客户的业务价值，并能够在面对客户的价格谈判时，清晰地呈现服务方案所带来的价值，突出优势。在这个阶段，销售人员需要具有高粘性、勤沟通、强关系的能力，通过沟通传递价值给客户。

销售人员能力评估

为了更好地根据团队和个人定位进行销售人员匹配，销售总监首先需要对销售人员进行能力评估，从以下 3 个方面综合考量。

1）**成长性**。成长性包括个人内在特质、价值观、成就动机、思维方式等基本素质。成长性对于销售职业的发展至关重要。

2）**技能**。技能包括客户分析、开发、拜访、方案、成交等销售的专业技能。

3）**知识**。知识包括公司、产品、客户行业等方面的知识。在评估销售人员知识水平时，需要考虑其专业背景、工作经验和学习能力等方面的因素。

评估过程中需要与销售人员进行充分沟通和交流，帮助他们了解自己的优势和不足，并为个人的职业发展制定合适的目标和计划。此外，也需要关注团队成员之间的优势互补，搭配合适的销售团队，以提高整体销售绩效。能力评估的具体内容可参考表 14-2，不同行业和销售模式会有所差异。

表 14-2　销售能力评估

维度	具体内容	能力现状
成长性	成就动机	
	以客户为中心的思维方式	
	逻辑思维	
	学习能力	
	价值观	

（续）

维度	具体内容	能力现状
技能	客户分析能力	
	开发能力	
	拜访能力	
	方案写作能力	
	跟进成交能力	
	建立信任能力	
	服务能力	
知识	公司、产品知识	
	客户的行业知识	
	知识面	

　　销售总监、销售经理针对每个销售人员的能力现状进行评估，评分按照10分制，具体评分标尺见表14-3。

表14-3　销售能力评估评分标尺

分数	说明
0~2分	极差
3~4分	较差
5~6分	一般
7~8分	良好
9~10分	优秀

结合历史数据和定性评估，销售总监可以对团队销售人员进行分类，帮助销售人员找到适合自己的定位。

销售人员的团队组合

优秀的销售人员具备自我学习和成长能力，他们不断地寻求新的学习机会，不断提高自己的知识和技能，通过持续的学习和自我提升，保持市场竞争力。他们时刻关注行业动态，了解客户需求，掌握新的销售方法和技巧，不断优化自己的销售策略，提高销售绩效。

但这样的销售人员毕竟是少数，而且人的成长是需要时间的。销售总监让拥有各自优势的销售人员组合共同攻单，也能够不断的签单，提高签单效率。

1. 团队组合优势

不同销售人员拥有不同的优势，通过团队组合可以提高工作效率。例如，销售 A 擅长与客户沟通，推进老客户签单，销售 B 擅长公司内部流程、跨部门协调工作，将两个人的优势结合起来，可以充分利用各自的专业能力，提高工作效率。

2. 提高效率

专业化分工可以提高销售工作的效率。在销售机会的不同阶段，需要不同的专业能力。例如，开发阶段需要韧性、耐心和技巧，线索阶段需要激发客户兴趣并理解客户业务，运作阶段需要关系能力。将销售人员根据不同的专业能力分组，并匹配业务机会的前、中、后场，可以大大提高工作效率。例如，专注开发客户的销售人员可以每天打 200 个开发电话，专注拜访客户的销售人员可以每天拜访 5 个以上的客户，专注方案的销售人员可以将客户解决方案做到极致，专注客户关系的销售人员可以在客户关系上做到极致。

3. 提高客户满意度

对客户来说，一个业务对接从开始到结束，可能会接触多个销售人员。但是，无论接触哪个销售人员，都应该能够感受到最专业的服务。销售人员应该能够理解客户需求，并用专业的方式进行表达，从而建立良好的客户关系。通过团队组合优势提高效率，销售团队可以更好地服务客户，提高客户满意度，从而实现业务增长。

销售人员招聘

销售团队需要优秀的销售人员来完成任务，因此需要招聘新的、优秀的成员来保持团队的活力。销售人员招聘要根据团队定位、客户定位、业务模式等实际情况，整理出销售人员的画像，然后按照销售画像进行招聘。但有一些基本的条件是必须要具备的，包括热情、真诚、坚韧、感恩、主动、学习等。团队在不同的发展阶段需要不同类型的人才，团队的发展过程经历了磨合期、稳定期、高效期、休整期和激活焕发期。在不同的阶段，团队人员招聘和储备的策略也应该有所不同。例如，在团队高效期时，团队人员稳定，工作效率较高。从发展角度考虑，应该利用团队的势能，加强工作的可复制性和培训，招聘资质好、有潜力的"小白"从基础做起，慢慢培养，为团队储备人才。这样团队才能拥有充足的人员储备，即便是有突发的人事调整也不会影响整体业务。

不同的职位、不同的定位，销售人员画像也应该有所不同，可以参考以下标准来筛选优秀的、有潜力的销售人员。

在基础品质方面，销售人员应具备以下品质。

1）**积极的心态**。优秀的销售人员普遍具有积极乐观的心态。具备这种品质的销售人员，对销售工作有理性乐观的认识，往往能克服困难，在销售方面取得成功。

2）**自我调节能力**。销售人员需要具备走出失败的能力。对销售人员来说，受到的打击主要来自被拒绝。优秀的销售人员不会因为被拒绝而动摇自己的意志。

3）**诚实和正直**。诚实和正直是信任的基石，客户对销售人员的信任取决于他们是否值得被信任。如果一个销售人员不真诚，客户将会很快转向那些值得信任的人。

在技能方面，销售人员需要具备以下能力。

1）**沟通能力**。与客户交流沟通的能力，包括倾听、提问、表达、演讲等。

2）**分析能力**。分析客户需求和市场动态，挖掘客户潜在需求和机会。

3）**信息整理能力**。整理和管理市场信息和客户信息，以便更好地开发客户。

4）**时间管理能力**。有效管理时间，合理安排工作计划，提高工作效率。

在知识储备方面，销售人员需要掌握以下内容。

1）**产品知识**。了解公司产品特点和优势，能够向客户介绍和销售产品。

2）**客户知识**。了解客户的需求和偏好，建立并维护客户关系。

3）**行业知识**。掌握市场发展趋势和竞争对手情况，为销售工作提供更有力的支持。

招聘销售人员时应从品质、能力和知识多个维度综合考核，筛选适合的人才。

总结和提炼销售战法

不同行业销售节奏是不一样的，很多行业会存在明显的周期性。以企业福利市场为例，大的节日来临时，就是销售旺季，平时相对比较平稳。当然不同的行业需要根据自己的实际情况来调整业务节奏，选择不同的销售战法，从而最大化地提升业绩。

为了达到销售目标，需要从以下方面来考虑。

1）**分析销售数据。** 销售总监通过分析过去的销售数据和趋势，确定业务节奏。例如，确定哪些月份是销售高峰期、哪些月份是销售淡季、哪些月份是销售增长期等。

2）**根据业务节奏和整体销售策略，按月或者按照季度来调整销售团队的重点工作。** 需要考虑的第一个方面是业务节奏，第二个方面是企业的最佳实践。每个企业由于销售模式不同，总会有一些关键环节和关键销售活动，如果做对了，就成功了一大半。销售总监在这个环节需要做的就是根据业务节奏和实际情况，总结和归纳销售战法。

选拔和培养销售经理

为了有效地选拔和培养一线销售经理，需要关注以下几个方面。

首先，业绩的达成是选拔一线销售经理的核心硬性指标，但除此之外，还需要观察候选人的平时工作行为，特别是那些只关注个人利益、不愿分享和不愿意为团队成长付出时间与精力的候选人。这些人带领小团队可能会表现良好，但在管理范围变大的情况下，未必能得到团队成员的认可和信服，取得好的业绩。因此，在选拔一线销售经理时，销售总监需要慎重考虑业绩指标和个人特质，以确保选拔出真正适合的经理。

其次，有些销售总监并不重视一线销售经理的选拔工作，只有当他们意识到选拔一线销售经理不仅是在挑选团队成员，还是在为组织培养未来领导人才时，才会真正重视选拔工作。虽然选择熟悉的人员或者与自己相似的人比观察、考验备选人员要容易得多，但是如果不投入足够的时间，销售总监就无法拥有选拔人才的能力。

最后，培养一线销售经理不仅需要注重业务水平，还需要培养其结构化思考的能力，以确保他们能够想清楚、写出来、说明白和做到位。平时的工作总结汇报是销售总监辅导和锻炼一线销售经理的最佳时机。允许犯错误，但是不能在同一地方犯错多次，需要销售总监给予建设性的批评和指正。

提升销售经理的基础胜任能力

销售经理从晋升的第一天开始，就需要明确每天的重点工作内容。为此，我们总结了销售经理的胜任力模型见表 14-4，以便帮助销售总监更好地培养销售经理的胜任能力。

表14-4 销售经理的胜任力模型

胜任力	关键定义
驱动业务的能力	1）通过团队拿结果 2）通过数据看业务 3）关注结果，更关注过程，提升团队执行力 4）客户开发、发展、商机、销售活动的管理和把控 5）制订销售计划，把控业务节奏
培养团队的能力	1）沟通激励，凝心聚力、使众人同行 2）人才盘点、评估、定位 3）销售人员单独辅导、精准培养 4）良好的团队氛围和文化的建立
自我学习和发展	1）相关管理知识的学习 2）独立思考、结构化思考的能力 3）拥抱和理解变化 4）成人达己、勇于承担责任 5）培养人格魅力，对员工产生积极影响

知识部分可以通过培训来快速获得，但能力和思维方式的转变需要更多的实践和指导。销售总监应该在日常工作中与销售经理保持密切联系，了解其工作情况和需要改进的方面，帮助他们制订个人发展计划，并提供必要的培训和指导。通过了解反馈和建设性的建议，销售经理可以不断改进自己的能力和思维方式，并更好地适应市场变化和客户需求。

总之，提升销售经理的能力和思维方式是一个循序渐进的过程，需要销售总监提供持续的支持和指导。只有通过持续的

培训和反馈，销售经理才能不断提高能力，实现个人和团队的
成功。

建立部门内部的培训体系，持续提升团队能力

　　培养销售经理是销售总监重要的工作之一，需要销售总监
付出很多心血和努力。但光有这些是不够的，销售总监要打造
一只优秀的团队，就必须在团队内部搭建起培训和训练体系。
这样才能源源不断地培养出优秀的销售人才。

　　团队培训工作是全年持续的，不同阶段需要培训的内容也
不同。销售人员必须充分了解产品和服务，并具备良好的销售
技巧。下面我们按照培训的内容展开介绍。

1. 销售素质类培养

　　销售人员的基础素质，也许对短期销售业绩帮助不大，但
是对销售人员长期的发展至关重要。销售总监需要通过演讲、
培训、激励等多种手段，提升销售人员的基础素质，主要包含
以下几个方面的内容。

　　1）敬业度培养。提升员工对公司的认可度，确保价值观
相匹配。提高团队整体工作协作和配合度，打造学习型团队，
当然也需要提供给员工与自身价值相匹配的薪酬和奖励。

　　2）以客户为中心的思维方式。将客户的需求、利益和体验
放在销售工作的核心位置，以客户为中心来进行决策和开展工

作。这种思维方式强调销售人员要从客户的角度出发，了解客户的需求、期望和挑战，以便更好地满足客户的需求，提供更好的产品和服务，从而提高客户的满意度和忠诚度，促进企业的持续发展。

3）**营造良好的学习氛围。**销售总监要在团队内部营造良好的学习氛围，通过团队内部组织读书会、复盘等活动，调动团队成员的学习积极性，帮助员工养成持续学习的习惯。

4）**价值观培养。**帮助员工找到人生目标，找到员工人生目标与公司目标的结合点，从而真正激发员工奋斗的动力。

销售人员的基础素质决定了销售人员的成长性，一方面销售总监可以通过培训提高销售人员的基础素质，帮助销售人员走得更远，另一方面通过对销售人员基础素质的考察，可以帮助销售总监筛选销售人员。

2. 销售技能的培训和训练

对销售技能来说，更多的不是培训，而是训练。销售技能就像开车技能一样，只有在实践中不断地运用，才能真正掌握。因此，对销售人员的训练，我们应该学习部队的训练方式。新兵入伍之后，在新兵训练营进行集中训练，通常按照如下几个阶段进行。

首先是体能训练，包括晨跑、射击、爬绳、壕沟爬行等。这个阶段的目的是检验新兵的体能水平，提高其身体素质，为后续的训练做好准备。

其次是军事基础训练，主要是传授新兵基本的军事知识和技能，包括射击、战术基础、防御技能、野外生存等。

再次是行军训练，包括长途行军、野外生存、迷彩隐蔽、装备使用等。这个阶段的目的是让新兵适应野外环境和战斗条件，提高其实战能力。

最后是战术训练，主要是以战场实战为基础，进行各种复杂的作战任务演练，如反恐训练、突袭行动、战术火力杀伤等。

部队新兵训练营的整个训练过程通常比较严格，要求新兵服从命令、团结一致、勇敢果敢，同时也对人的身心素质有很高的要求，不仅考验技能和体力，更考验军人的忍耐性和毅力。

销售人员的训练也是如此，销售总监要带领销售团队进行技能拆解，然后针对每项技能进行刻意训练，只有这样才可以快速提升团队作战能力。销售总监要站在部门的角度去规划整个培训和训练计划。

3. 知识类培训

知识类培训相对比较简单。培训结束之后，安排相应的考试，确保销售人员能完全掌握。对销售人员来说，需要掌握的知识主要包括以下几点。

1）**公司知识**。公司的文化，包括公司的理念、道德标准；公司的发展历程、公司的知名度和业内成就，会对销售人员产生极大的吸引力和凝聚力；公司的各种政策，包括市场销售政策、人员政策和公共关系政策等。

2）**产品知识。**产品的特性，产品的消费群体，产品在市场上的位置与竞争力，产品的未来发展状况与前景等。销售总监需要帮助销售人员更好地理解产品特点、功能和优势。

3）**行业知识。**销售的最终目的是满足客户的需求。销售总监要把客户的行业知识告诉销售人员，尤其是客户是如何使用产品和服务满足自己的需求的。

培训是销售团队提高销售能力和业绩的重要途径，销售总监应该根据实际业务情况，安排合适的培训内容，并由相关人员负责协调和执行，以确保培训效果的最大化。

制定差异化绩效

在销售领域，目标感的重要性不可忽视，但如果想成为优秀的销售人员，还需要具备很强的可塑性。销售人员的素养和能力存在差异，需要制定差异化的绩效，提升销售能力和激发销售潜力。

绩效差异应基于团队定位和销售角色的匹配来考虑。不同的定位会有不同的绩效考核，而不同行业也存在差异，但整体规律是一致的。

1）前场人员主要以签新单为主，对签新单的能力要求高。

2）中场人员主要负责老客户的维护工作，对老客户的持续经营负责。

3）后场人员作为支持团队，配合前场人员和中场人员做好签新单和维护老单的工作，主要负责内部流程等。

定位不同，需要制定差异化的绩效考核方案。表 14-5 是B2B 领域通用的考核指标，不同行业和企业可以根据自己的实际情况做调整。

表 14-5　B2B 领域通用的考核指标

考核人员	考核指标
前场人员	新签单金额和数量
	新签单客户质量（单价、利润）
	重大项目突破
中场人员	老客户续约率
	老客户增长率
	老客户渗透率
	客户满意度
后场人员	内部流程的时效
	重点工作的完成情况
	客户满意度

根据销售人员定位制定差异化绩效，可以更好地激励销售团队发挥各自的优势，提高整体业绩。同时，绩效管理系统需要不断优化，以适应市场变化和公司战略。

市场活动和产品迭代

市场活动和产品在客户层面的应用，是增进和维护客户关系的一个重要"武器"。销售总监需要充分认识到市场部在销售过程中的重要性。以下从 4 个方面来探讨市场部的重要性。

1）**产品**。向市场提供什么有价值的新产品？新产品的价值和意义是什么？如何通过新产品保持竞争力？

2）**开发**。明确产品定位和市场推广策略。自己的产品与竞争对手的相比，价值体现在什么地方？

3）**宣传**。新老产品的具体活动，如广告、促销、活动和产品介绍等，以激发市场需求，加强与客户的互动和有效沟通。

4）**支持**。向销售团队提供支持，包括产品培训、竞争分析、销售技巧和销售工具等，以提升销售团队的综合素质和实力。

市场活动在销售过程中扮演着至关重要的角色。市场部通过拉近产品与消费者的心理距离，帮助消费者了解产品的价值，并与他们建立联系。销售部则通过拉近产品与消费者的物理距离，进一步加深消费者对产品的了解，以促进签单。市场活动的作用主要体现在以下 4 个方面。

第一，连接客户，提供线上和线下沟通契机，建立场景为销售人员创造沟通机会。市场活动为销售人员提供了与客户沟通的机会，进而建立联系，了解客户需求，推销产品。

第二，传递价值，将产品更好地呈现给客户。市场活动可以让消费者更深入地了解产品的特点和价值，提高其对产品的认知度和信任度，从而促进销售。

第三，了解需求，了解客户非业务层面的需求，取得客户的信任。通过市场活动，销售人员可以了解客户的需求和喜好，有针对性地为其提供个性化的服务和方案，从而赢得客户的信任和忠诚度。

第四，加速合作，拉近与客户的距离，促进签单。通过市场活动，销售人员可以更快地与客户建立联系、建立信任，进而促成销售，提高业绩。

市场活动最早应用于 B2C 业务，随着互联网和科技的发展，越来越多的 B2B 业务开始借力市场活动来促进销售。在 B2B 业务中，市场活动可以为销售人员提供沟通场景，即使客户对市场活动不感兴趣，也能建立联系，为下一次约见面奠定基础。在设计市场活动时，需要从 4 个方面来考虑，即业务与时间节奏、客户价值、客户需求和客户阶段。

销售总监应该学会运用市场活动来驱动业务的发展，为销售人员提供支持，帮助其更快地签单，实现业绩最大化的增长。

平衡和协调公司资源

对销售总监来说，协调公司内部各部门的资源非常重要，尤其是要与人事、财务、法务、产品和服务部门紧密合作。

在人事部门方面，销售总监可以与人事部门合作，制订招聘计划和培训计划，以确保销售团队拥有足够的人力资源和技能水平。同时，销售总监还可以与人事部门合作，制订激励计划，以提高销售团队的工作积极性和创造力。

在财务部门方面，销售总监可以与财务部门合作，制定销售预算和费用预算，以确保销售团队有足够的资金支持。销售总监还可以与财务部门合作，制定财务指标和报告，以更好地监督销售团队的业绩和成本效益。

在法务部门方面，销售总监可以与法务部门合作，制定销售合同和协议，以确保销售业务的合法性和合规性。销售总监还可以与法务部门合作，制订风险管理计划，以减少销售业务中的法律风险和纠纷。

在产品部门方面，销售总监可以与产品部门合作，了解产品的特点和优势，以便更好地向客户销售产品。销售总监还可以与产品部门合作，制订产品培训计划，帮助销售团队更好地了解产品和销售技巧。

在服务部门方面，销售总监可以与服务部门合作，制定服务标准和流程，以确保销售团队能够向客户提供高质量的服务。销售总监还可以与服务部门合作，了解客户反馈和意见，以便更好地改进销售服务和产品质量。

销售总监需要建立标准化的项目流程，以降低规则之外的风险，提高与其他部门之间的沟通效率，确保业务能够正常开展。这种流程可以理解为一种业务流程，同时也考验销售总监在公司的人际关系方面的能力。

总之，取得职能部门的支持对销售总监来说至关重要。职能部门的支持可以提高销售团队的工作效率，提高客户满意度和忠诚度，降低销售成本和风险，加强公司内部协作和合作。销售总监需要与职能部门建立紧密联系和合作，确保销售团队能够得到充分的资源和支持，实现销售目标和业绩的提升，也需要通过有效的沟通和协作，不断优化和改进业务流程，确保与市场和客户的需求相匹配，以提高销售团队的竞争力。

建立客户圈层

对很多销售总监来说，与客户建立关系网络是必修课。然而，大多数销售总监的人际关系网是杂乱的，对开拓业务没有实质性的帮助。

良好的人际关系网络，应该具备广度、宽度和深度 3 个特点。首先，人际关系网络应该具备广度，涵盖不同的行业、领域和地域，以便更好地获取信息、资源和支持。其次，应该包括不同层次和角色的人，例如同行业专业人士、客户、供应商、顾问等。最后，它应该建立在相互信任和互惠互利的基础上，以便更好地实现长期合作和共赢。销售总监应该通过不同的方式和途径，建立广泛、深入的关系，扩展人际关系网络，提高个人影响力，促进销售业务的发展。

　　有几种方法可以建立更广泛的人际关系网络，拓展更高层面的社会关系。首先，可以参加高端商业活动，例如商务晚宴、慈善活动、高端会议等，与社会名流和商业精英建立沟通和联系。这些活动可以扩大社交圈层，提高社会知名度和影响力。其次，可以加入商业协会和俱乐部，例如商会、行业协会、高端俱乐部等，与同行业或同领域的专业人士建立联系和交流。加入这些组织可以扩大社交圈，了解行业动态和趋势，拓展业务合作。

第 15 章

销售总监的领导力修炼

建立领导力认知

要想成为优秀的销售总监，首先需要理解领导力，它是一种让人相信、追随的能力，体现在有感染力的语言、独特的个性、较高的格局、宽阔的胸怀上。领导力不局限于具体的管理工作，还起到引领、汇聚的作用。因此，优秀的领导者需要既懂业务又懂管理，既有感性又有理性，能够将理念和方法融合在一起，形成有效的领导机制。

一些销售总监为什么做不好工作呢？原因主要有两个：一是只有理性思维，缺乏情感，是个"机器人"，只会利用职位和权力来沟通，很少与下属心灵沟通；二是过于感性，每天都与下属打成一片，没有距离感，下属犯错也很难得到及时纠正，缺乏科学管理方法。一个优秀的领导者应该是理性和感性的结合体、业务和人的结合体。

要做好销售总监，还需要具备4个必不可少的条件：体力、抗压力、思考力和内驱力。

第一个条件是体力。体力是最重要的，绝大多数老板和高管精力充沛，不知疲倦，做事的投入度很高。这也会影响身边的人。平时多锻炼身体，保持好的体能，才能充分发挥潜能，实现职业上的成功。

第二个条件是抗压力。销售总监这个职位的业绩压力常常高于其他人员，既需要面对客户，又需要保持良好的内部沟通，如果缺乏强大的抗压力，很难胜任。当面临困境时，主动解决问题而不是放弃，每一次小的成功都会给自己带来成就感，成就感决定成就。通过这种锻炼，自己的抗压力就会越来越强。

第三个条件是思考力。思考力是成为高层管理人员最重要的条件之一。良好的思考力能够帮助销售总监更好地理解和分析信息，制定有效的决策，在竞争激烈的商业世界中脱颖而出。良好的思考力还可以帮助销售总监更好地判断未来趋势，并根据市场变化和竞争情况做出相应的调整。

此外，思考力还能帮助销售总监更好地领导和管理团队，能够理解不同员工的需求和优势，并制定出相应的策略和计划，使整个团队朝着共同的目标努力。

对销售总监来说，培养卓越的思考力是非常关键的，可以通过不断学习、阅读、思考和实践来实现。

第四个条件是内驱力。内驱力是指个人内在的动力和热情，推动自己不断进步和追求卓越的意愿和能力。基层员工需要有责任心，中层员工需要有上进心，高层员工需要有事业心。

事业心是指个人对事业的追求和热爱，为实现事业目标而不断努力的内在动力。在职业生涯中，具有强烈事业心的人往往更有远大的目标和更强的执行力，能够不断提升自己的能力和水平，从而在职场竞争中占据优势。对销售总监来说，事业心是非常重要的。事业心本质上就是内驱力，只有拥有强烈的内驱力，才能帮助销售总监顺利转型，走上区域总经理和销售总裁的职业道路。

领导力提升模型

领导力提升模型是一种理论框架，用于解释和评估领导者的行为及其影响。它是领导力研究的重要组成部分，旨在帮助领导者更有效地管理和影响其团队和组织。它通常基于一定的理论基础和经验数据，将领导者的行为和影响分为几个不同的维度或特征，并描述它们之间的相互作用。这些维度或特征可以是领导者的个人特质、行为、态度、情感或认知，也可以是

组织的文化、战略、结构和流程等。某著名的 IT 公司提出的
领导力提升模型如图 15-1 所示。

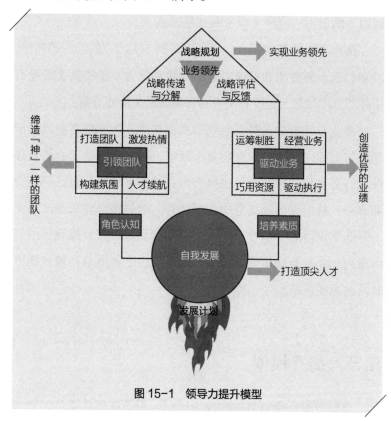

图 15-1　领导力提升模型

对于领导力提升模型，我们可以从 3 个维度去理解。

1）上层——战略规划。这个层面基于公司对市场机会和
未来发展方向的考虑，制定长期发展战略。战略规划需要综合
考虑各方面的因素，如业绩指标、市场占有率、覆盖率、产品
升级等。作为销售总监必须充分理解并把公司战略分解和传递

给团队成员。

2）**中层**——引领团队、驱动业务。引领团队包括评估团队成员能力、因人而异给予方法和指导、建立人才梯队，激活个体、构建公平透明的团队氛围。驱动业务包括盘点人员和客户，利用内部和外部资源找到增长点，高效执行公司的销售策略。

3）**底层**——自我发展。量化每个阶段的目标，定期复盘总结，找到差距并补短板。

领导力发展的 7 把钥匙

销售总监需要不断提升自己的领导力，制订自我发展计划，可以从如下 7 个方面入手，这 7 个方面也是销售总监领导力提升的 7 把钥匙。

1. 聚焦客户成功

销售总监需要深入研究客户的业务和所处的环境，理解客户面临的问题与挑战；了解客户需求，帮助客户解决问题，提供相应的建议和方案，维护良好的客户关系，实现客户和企业的双赢。

此外，销售总监还需要感知变化，倾听客户，迅速应对，解决问题；及时响应客户需求，提供优质的服务，持续提高客户满意度和忠诚度，为企业赢得更多的业务和机会。

2. 商业头脑

销售总监需要具备财务意识，了解企业财务状况和业务运营情况，掌握财务指标和经营数据，为企业制定合理的销售战略和业务计划提供支持。

同时，销售总监还需要懂得商业模式，了解行业发展趋势和市场竞争格局，掌握市场信息和竞争对手的动态，制定相应的销售策略和计划，提高市场占有率和竞争力。

此外，销售总监需要坚守商业诚信，遵守商业道德和法律法规，以诚信和公正的态度处理业务，维护企业的声誉和形象。

3. 决断力

销售总监需要建立系统性、战略性、突破性的思维方式，具备分析和解决问题的能力，以事实及合理的论据为基础，预测问题并敢于承担战略风险；在关键时刻能够果断做出决策，推动业务发展和实现企业目标。

4. 影响力

销售总监需要具备团队合作意识，构建人脉资源和信息资源网络，持续精进业务，提升基于经验的可信度，使用有效的影响力策略和方法，提高影响力和领导力，达成业务目标。

5. 沟通

销售总监需要进行公开、坦诚、清晰、完整、前后一致的交流，仔细倾听、有效提问，探索新思想，欢迎意见和异议；有策略地进行组织内外、上下、左右的全方位沟通，加强团队协作和信息共享，促进业务发展和成长。

6. 热情

销售总监需要对业务、成长和未来充满热情，以成就为导向，拥抱挑战，积极投入，追求卓越；在面对压力、不确定性和挫折时，要妥善应对，具备韧性和适应性，保持积极向上的心态。

7. 敏捷学习

销售总监需要准确认识自我，具备成长型思维，掌握学习与发展的原理和方法，刻意练习；不断提高自身素质和能力，持续学习和成长，为企业的发展和业务扩展创造更大的价值；要善于反思和总结，发现自身的不足和提升空间，积极寻求学习机会和反馈，不断完善自我。

综上所述，销售总监需要从聚焦客户成功、商业头脑、决断力、影响力、沟通、热情和敏捷学习等 7 个方面入手，不断提升自己的领导力和能力，实现业务目标和企业发展。通过不断学习和实践，销售总监可以成为一名优秀的领导者，带领团队实现销售业绩的高速增长，并为企业的长期发展奠定坚实的基础。

第 4 篇

运筹帷幄：
决胜千里

第 16 章
全新的思维方式

销售总监转型为区域总经理意味着职位和身份的巨大转换，本章重点讲述区域总经理需要具备的全新思维方式有哪些。建立大局观，提升自己的格局，让自己的眼光变得更加长远，从销售思维转变为经营思维，才能持续完成任务，与此同时也需要不断提升自己的领导力。

第 17 章
区域总经理的重点工作

本章重点讲述区域总经理的重点工作，如何制定区域的发展策略；如何根据发展策略的需要搭建合理的组织架构，持续培养团队；如何根据发展策略制定区域的市场拓展计划并落实执行。区域总经理拥有区域的自主管理权，也需要对区域的整体发展承担责任。

第 18 章
区域总经理面临的挑战

区域总经理面临的挑战很多，比如缺乏团队组建能力、缺乏商业盈利技能、不重视企业文化的价值等，本章重点对这些挑战进行分析，帮助区域总经理更好地面对挑战，顺利转型，取得进一步的职业发展。

第 16 章

SALES EXCELLENCE

A Guide to Career
Advancement from Sales
Novice to Sales President

全新的思维方式

在销售领域，许多人的职业生涯止步于销售总监，但也有少数人能够跨越这个阶段，成为公司高管。在不同的公司中，销售总监的晋升职位各有不同。对大公司而言，销售总监往往会晋升为区域总经理或某个事业部的总经理，具体取决于公司是按照区域划分的，还是按照业务划分的。对中小公司而言，销售总监则有机会转型成为负责所有销售业务的销售副总。

区域总经理负责管理一个相对独立的区域，对该区域的整体业绩负责。成为区域总经理对销售总监来说是一个非常大的跨越，意味着进入了高管之列。区域总经理负责该区域的全面运营工作，包括拓展区域市场、推广公司品牌、树立公信力、服务好客户，并形成良好的口碑，同时还要达成收入和利润等关键业绩指标。

成为区域总经理不仅需要提升个人领导力，而且要改变思维方式。成为区域总经理需要转变哪些思维方式呢？以下5个思维方式的转变是最重要的。

1）树立大局意识，长远规划。具备大局意识是销售总监转型的关键所在。区域总经理负责区域所有的工作，需要有更全面的视角来思考和规划，要从未来、客户、领导、他人等4个不同的角度来看自己，养成这种思维方式之后，就会逐渐具备大局观。

2）培养职能思维，从垂直管理到综合管理。管理就是资源的价值最大化，区域总经理要具备资源整合能力，从垂直管理转向综合管理，做到整体把握、协同合作。

3）坚持增长思维，持续达到目标。区域总经理要放眼未来，以持续增长为目标；要在当期任务的基础上，注重未来的规划和布局，实现长期、稳定、可持续的发展。

4）从销售思维转变为经营思维。销售思维是以任务为核心，经营思维则是以资源的价值最大化为核心。区域总经理要从单纯的销售思维转向经营思维，注重企业整体利益，以企业持续增长为目标。

5）持续提升领导力。区域总经理要具备良好的领导力，注重团队建设和员工发展；要激发团队的积极性和创造性，提高团队整体的业绩。

　　以上 5 个思维方式的转变对销售总监到区域总经理的转型
至关重要。销售总监只有树立这些思维方式，才能成功转型为
一名优秀的区域总经理。

树立大局意识，长远规划

　　销售总监由于业绩出色被提拔为区域总经理，这种情况在
很多公司普遍存在。对很多大的公司来说，区域分公司是销售
主导的销售分公司，因此区域总经理大多数是从销售总监中提
拔而来的。

　　尽管区域分公司很多时候是销售分公司，但对销售总监来
说，这一步跨度非常大，能否顺利转型，将影响其在区域总经
理这个职位上的表现。

　　区域总经理首先需要建立大局观，而不是将眼光仅局限于
项目和业绩上。要想建立大局观，需要从 4 个不同的角度来看
待自己，通过养成这种思维方式，就会逐渐具备大局观。

　　第一是从未来的角度看待自己。5 年之后，你希望成为一
个怎样的人？你希望在别人眼中，你仍是一个销售总监，还是
掌管一方的"封疆大吏"？你希望你所负责的区域 5 年后变成
什么样子？为了达到这个目标，你现在需要做出哪些改变和努
力？从未来的角度看待自己，可以帮助你更清晰地了解自己的
内心，看清自己追求的方向。

第二是从客户角度看自己。一个好的区域总经理应该从客户的角度来看待自己，从客户的角度来看待所在的企业和售卖的产品。

第三是从领导角度看自己。销售总监更多的是负责当期业绩和客户服务，但成为区域总经理后，需要学会从领导的角度来审视自己。领导对自己的期望是什么？对这个问题的思考可以帮助自己更好地理解领导的意图。领导之所以能够担任领导职位，一定是站在更高的层面思考问题，视野也会更加宽广。从领导的角度来看自己，不仅是从领导个人的角度来看自己，而且是站在领导职位的角度，审视自己现在的工作应该如何开展。区域总经理未来的职业发展方向是集团高管，很可能成为销售总裁。站在集团高管或销售总裁的角度思考，区域总经理应该如何开展工作，这是区域总经理需要思考的问题。

第四是从他人角度看自己。除了未来角度、客户角度、领导角度，区域总经理还需要学会从他人的角度来看待自己。他人可以是下属，也可以是其他同事。思考自己在下属眼中的形象，在其他同事眼中的形象，可以帮助自己更全面地了解自己。

从未来、客户、领导和他人的不同角度来看自己，建立大局观，树立大局观意识是销售总监转型为区域总经理的关键所在。

培养职能思维，从垂直管理到综合管理

从销售总监到区域总经理的转型需要实现的第二个思维转变是从垂直管理转向综合管理。

销售总监主要负责销售团队的管理，即垂直业务管理。然而，区域总经理的思维需要从垂直管理转变为综合管理。在许多区域，尤其是大型企业的各地分公司中，虽然行政、财务、人力等部门的人员相对较少，但区域总经理仍需要承担管理职责，树立职能思维。这是新任区域总经理面临的挑战。

首先，区域总经理需要学习并了解行政、财务、人力、市场等相关知识。虽然无须精通这些领域，但必须基本了解。即使各职能部门的负责人具有很强的专业素养，区域总经理仍需要对其业务有良好的了解，以确保职能部门的目标与整个区域发展策略一致。

其次，需要管理所有职能部门。管理销售团队的方式与管理职能部门的方式是不同的，而且管理一个团队的方式与管理多个不同职责团队的方式也不同。

销售团队有明确的考核指标，例如开发、拜访、签单的数量和质量、收入、回款等，而且曾由区域总经理直接负责，因此对其管理较为熟悉。在这种情况下，区域总经理需要避免偏袒，不能因为自己曾是销售团队的一员而过分重视销售团队。这种做法会影响其他部门同事的工作积极性，务必引以为戒。

其余职能团队，如行政、人力、财务等，也都有自己的考核指标，包括定量和定性指标。然而，由于区域总经理对这些部门的了解较少，因此在管理上可能会遇到困难。同时，销售团队成员与职能团队成员的特质不同，因此管理方式也应有所区别。

　　管理多个部门，尤其涉及不同业务的部门，倾听变得尤为重要。在管理销售团队时，也许可以采取一言堂的方式。但在管理多个部门时，这种方式是不可行的。区域总经理需要倾听每个部门的意见和想法，以了解各个团队的现状，从而更好地进行管理。

　　最后，正确评估每个部门的作用。区域总经理要学会正确评估每个部门的作用，特别是支持性部门。在担任销售总监期间，区域总经理可能与人力资源部、财务部、法务部等职能部门产生过一些矛盾。然而，在担任区域总经理后，应该摒弃一些偏见。另外，一些区域总经理由于自己的销售背景，常常认为销售部门是创造业绩的关键部门，在处理事务时容易偏袒销售部门。这并不是说区域总经理故意如此做，而是由于他们个人的经历，更了解销售团队的辛苦和面临的挑战，而对其他团队的业务了解较少，缺乏身临其境的感受。例如，当项目失败时，许多销售人员可能会归咎于财务核算造成的高成本或者产品和服务无法与竞争对手媲美，很少有销售人员承认自己没有充分挖掘客户需求的问题。这是销售人员固有的思维方式。区域总经理面对这种情况，可能倾向于支持销售人员的观点，因为他们以前就是这样思考问题的。

　　区域总经理需要更好地发挥职能部门的作用，与其共同努力实现区域的战略目标，实现从垂直管理到综合管理的成功转变。这意味着需要加强对职能部门的理解和信任，促进团队之间的协作，共同推动区域的整体发展。

坚持增长思维，持续实现目标

对销售总监而言，主要关注的是如何达到当年的销售目标。他们会着重评估销售机会，进行销售人员招聘、培训和训练，以及开展相关的市场活动等，以确保销售业绩的顺利完成。他们通常会根据公司设定的销售目标来制定下一年的规划。然而，销售总监很少会考虑未来 3 年的规划，即使有，也缺乏深入思考。相较之下，区域总经理则需要从更全面、长远的角度思考。他们的职责主要包括以下几个方面。

1）规划未来 3 年的发展目标。区域总经理需要根据当地市场情况制定与公司战略目标相匹配的区域发展策略，并指导下属制订具体计划。与销售总监以年为单位制定销售目标不同，区域总经理需要考虑中长期的目标。在销售人员业绩达到一定程度之后，他们可能缺乏动力和精力去开发并签约新客户。因此，区域总经理为了实现区域业绩增长，除了招聘更多销售人员外，还需要思考如何减轻销售人员的负担，让其释放更多精力开发新单。例如，可以成立客户服务部门，并制定相关政策，如客户转交政策、老客户维护流程和销售激励政策，以确保销售人员的收入，同时激励他们开发更多的新客户，以支持未来 3 年区域业绩的持续增长。

2）关注最新的行业和技术发展动态。作为区域总经理，必须积极关注行业发展的最新动态和技术创新，以便制定和调整区域发展策略和计划，确保企业在市场竞争中保持领先地位。随着行业的不断变化和技术的不断进步，区域总经理需要时刻保持敏锐的观察力，了解行业的最新趋势、竞争对手的策略，以及新技术的应用，这将有助于制定正确的发展策略和决策。

例如，在培训行业，随着移动互联网的发展，线上与线下相结合已成为未来发展的重要趋势。这对区域总经理来说意味着需要适应这一趋势，并从产品、服务模式和营销模式等方面进行相应的调整。区域总经理需要思考如何利用移动互联网技术提供在线培训课程，与传统的线下培训相结合，以满足客户的不同需求。

过去的 10 年中，互联网对客户采购方式的影响是巨大的，也深刻地改变了行业的竞争格局。举例来说，在智能手机行业，诺基亚曾长期占据领先地位，但苹果推出智能手机后，仅用了不到 10 年的时间，整个手机行业就发生了翻天覆地的变化。

作为区域总经理，必须时刻关注行业动态和新技术的发展，以便为公司的战略制定和调整提供有力支持。区域总经理了解新技术的应用和行业的创新趋势，有助于把握市场机会，推动公司的业务发展，并保持在竞争中的领先地位。因此，区

域总经理的责任之一是持续关注行业动态，并将这些信息纳入
公司战略的决策过程中。

3）全面了解公司的商业模式和未来的战略方向。

①实现业务的持续增长：区域总经理需要思考如何持续增
加销售业绩并扩大市场份额。这可能涉及开拓新客户群体、拓
展产品线或服务范围、寻找新的市场机会等。区域总经理应与
销售团队紧密沟通，制订明确的业务增长计划并监控实施情况。

②提高公司的盈利能力：区域总经理需要考虑如何提高
公司的利润率和盈利能力。这可能包括控制成本、提高生产效
率、优化供应链管理、制定价格策略等。通过有效的资源管理
和业务优化，区域总经理可以为公司创造更多的利润和增长
机会。

③确保区域发展策略与公司战略相匹配：区域总经理的
责任之一是制定区域发展策略，并确保它与公司整体战略相一
致。区域总经理需要全面了解公司的战略目标，并将其转化为
区域层面的具体行动计划。这需要与其他部门密切合作，确保
区域目标与公司整体目标保持一致。

④保持公司在区域市场的核心竞争力：区域总经理需要
认识到市场竞争的激烈程度，并思考如何保持公司在区域市场
的核心竞争力。这可能涉及产品创新、市场定位、客户关系管
理、品牌建设等方面的工作。区域总经理需要与团队密切沟
通，制定并执行相应的竞争策略。

⑤促使所有部门理解并为区域目标努力：区域总经理需要

与各部门沟通，确保所有部门都理解并为区域目标努力。这包括与销售、市场、运营、人力资源等部门的紧密沟通，建立良好的沟通渠道和协作机制。区域总经理应激励团队成员，确保他们明确区域目标，并为实现这些目标而努力。

区域总经理需要站得更高、看得更远，需要树立增长思维，持续完成业绩目标，并保持区域的核心竞争力。

从销售思维转变为经营思维

区域总经理需要进行的第四个思维转变是从销售思维转变为经营思维。让我们来看一下这两者的区别：销售思维着眼于如何销售产品和服务，只关注销售的数量和收入，而不太关注业务的盈利能力和长期目标的实现。在这种思维方式下，销售人员致力于说服客户购买产品，向公司争取更多的资源以满足客户需求，例如降价或提供额外的服务。即使对销售总监来说，这种思维方式也是常见的。

经营思维则强调如何更好地管理和经营业务，探索并满足客户的需求，研究采用何种商业模式或提供何种产品来更好地满足客户需求并降低成本。此外，区域总经理还需要开发区域发展所需的外部资源。企业经营意味着经营客户和人才，经营思维的核心在于创造价值，为客户和企业创造更大的价值，实现总价值的增长。

　　为了实现这一点，企业需要建立一个良好的体系和系统，通过该体系和系统不断为客户创造价值。因此，我们可以说经营思维的本质是客户思维、市场思维和价值思维。经营思维要求将企业的所有活动聚焦于客户服务、产品创新和营销等方面。

持续提升领导力

　　在任何职位上取得成绩都需要把事情做好，这一点毋庸置疑。然而，对于高级管理岗位来说，更需要发挥领导力，激发团队成员的活力，共同达到目标。销售总监需要依靠销售经理和销售代表来完成任务。虽然销售总监有时需要参与具体项目，利用个人的业务能力完成任务，但长此以往，过多参与具体事务也可能导致业绩下降。

　　对区域总经理来说，如何领导人、提升自身的领导力比仅仅把事情做好要重要。

　　首先，区域总经理的管理范围更大，无法事必躬亲。销售总监只负责一个部门，而区域总经理需要管理多个销售总监，以及职能部门负责人。如果区域总经理过多投入具体事务，会分散精力，降低领导力。因此，对区域总经理来说，如何知人善任、领导好下属是首要任务，也是取得成绩的关键。

　　其次，区域总经理不可能对所有部门的工作都了如指掌，也无法参与部门的具体工作。举例来说，财务部门的工作是一个非常专业的领域，销售总监出身的区域总经理可能只对财务部门的大致业务逻辑有所了解，无法参与具体工作。因此，对区域总经理来说，如何领导好各部门的负责人就变得尤为重要。

总的来说，从时间、精力，以及知识储备等多个维度来看，区域总经理都需要大幅度提升自身的领导力，实现从把事情做好到把人领导好的转变。这包括培养团队的协作能力、制定明确的目标和战略、提供有效的反馈和激励、开发下属的潜力等。通过有效的领导力，区域总经理可以更好地管理团队和部门，推动整体业务的成功发展。同时，区域总经理的上级领导也应该及时提供辅导和支持，帮助他们成功完成领导力的转变。

第 17 章

SALES
EXCELLENCE

A Guide to Career
Advancement from Sales
Novice to Sales President

区域总经理的重点工作

在销售总监转型为公司高管时，最重要的是思维方式的转变，并建立全新的工作理念。然而，新的工作理念并不仅通过阅读几本书或听取上级领导的建议就能够获得。王阳明说过"知行合一"，即认知与行为的统一。"知"强调的是认知，也就是前面提到的工作理念。但如果无法在行为上付诸实践，仅仅知道这些理念是没有用的。理念必须在具体实践中，通过逐步做正确的事情形成。

对区域总经理来说，知道哪些是正确的事情非常重要。否则，就会出现区域总经理在做销售总监的工作，销售总监在做销售经理的工作，销售经理在做销售代表的工作，而销售代表在完成销售助理的工作的情况。如果这种情况一直持续下去，区域总经理将永远无法树立新的工作理念。

制定区域发展策略

依据集团战略和区域市场分析，制定区域发展策略是区域总经理的首要任务。区域整体经营策略，决定着区域未来3~5年的发展方向。制定区域发展策略主要从以下几个方面的考虑。

首先，需要理解集团公司的整体战略，以确保区域发展策略与集团战略相一致。由于各地区发展不平衡，区域市场的成熟程度、竞争激烈程度，以及公司在当地市场的占有率都不同，因此区域总经理制定区域发展策略要结合本区域市场情况，因地制宜。

其次，制定区域发展策略，必须考虑区域团队人员的实际情况。策略制定得再好，如果团队成员的能力不匹配，策略也很难被落实。一方面是团队所有成员的能力需要匹配，但更重要的是要考虑区域总经理和区域管理团队的管理水平。

最后，将集团考核指标分解到区域各个部门，确保各部门和业务模块的绩效考核与区域绩效一致。这一做法的目的是确保各部门和业务模块的资源聚合，协同推进区域的整体发展。

在制定部门考核指标时，需要将区域发展策略转化为各部门或业务模块的"目标"，并将这些目标细化为具体的考核指标，可以参考图17-1的顺序来分解绩效考核指标。

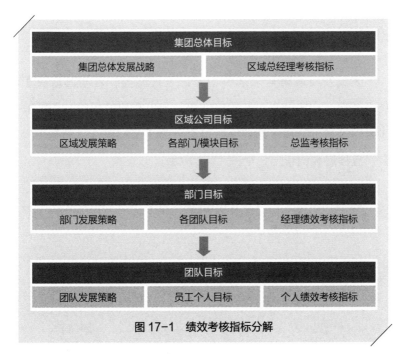

图 17-1　绩效考核指标分解

在制定和分解考核指标时，首先需要从区域发展目标和策略中找到相关业务的关键成功因素，然后将其分解为部门或模块的关键绩效指标，最后将这些指标转化为各个岗位具体的考核指标。

以销售团队为例，区域公司的业绩目标是实现 30% 的增长，其关键成功因素包括老客户续约率的提高和新客户签约的增加。接着，将新客户的任务按照部门实际情况分解下去，分配到每一个岗位，并形成具体的考核指标。需要注意的是，分解指标时应考虑可实现性，不能为了分解而分解，所有指标分解都要匹配相应的完成策略。

设计适合的组织架构，打造卓越团队

区域发展策略是未来 3~5 年的发展路径，其实其取决于众多因素。这些因素对于策略的落地有着重要的影响。用绩效改善理论进行分析，这些因素可以分为 3 个层面，分别是组织层、流程层和岗位层，如图 17-2 所示。

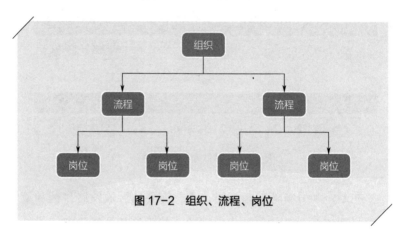

图 17-2　组织、流程、岗位

若将公司比作人，组织层即为其骨架，组织架构则是指公司派遣人员和安排职责的方式。对区域总经理来说，根据集团公司的组织架构，结合当地实际情况，设计区域组织结构变得至关重要。

组织架构不是简单的部门设置，如人力、财务、销售管理、运营、行政和采购等，而应该是与业务相匹配的完整体系和相关的子体系。例如，公司有运营和销售体系。将组织看作完整的体系而非独立的组织架构模块，有助于树立适者生存的价值观。评估组织优劣的标准不是符合理论要求或随波逐流，而是看其是否适应市场、最大化匹配和支持业务，最终体现在业务结果上。

公司层面有整体的组织架构，销售团队也需要匹配相应的组织架构。一般来说，B2B 的销售团队会有以下几种组织方式。

1）**区域**。将全国划成若干个区域，这是最简单的方式，很多企业都是采用这种方式，例如在北京、上海、广州、山西、河北等有分公司的地方设置销售团队，这是从集团的角度来说的；对区域总经理来说，区域销售团队再按照实际情况建立内部细分的组织架构。

2）**产品线**。如果公司的产品线比较多，产品的独立性也比较强，那么在销售组织的顶层设计上就会按照产品线来设置。

3）**客户群体**。如果一个公司的客户类型比较复杂，我们就可以按照客户群体来划分，例如分为银行客户、保险客户、政府事业单位客户、企业客户等。不同的销售团队负责不同的客户群体。同一个行业客户的需求是类似的，因此按照客户群体或者行业划分是常见的方式。

4）**销售方式**。有一些企业是按照销售方式来划分的，不同的销售方式，需要不同的销售子体系，以及相对应的方法和流程。比如 B2B 的大客户销售，需要有销售、售前支持、售后服务部门，形成打单的铁三角。因为大客户销售是团队作战，但对于 B2C 销售模式来说，重点强调的是快速取得信任，实现转化。销售方式的不同是因为客户群体不一样，因此采用这种方式其实是针对客户群体进行的变形。

5）**混合**。实际的销售组织设计往往比上述几种方式要复杂得多。

很多大企业综合了按产品线、区域、渠道、功能的4种销售组织方式，在企业的不同层面、不同业务领域灵活搭配使用几种方式。

组织架构搭建好后，区域总经理需要根据组织架构来搭配团队。从"尽己之能"到"尽人之力"再到"尽人之智"，是管理者的三重境界。虽然这3个阶段不能简单地对应销售经理、销售总监和区域总经理3个职位，但如果粗略地看，这些阶段也能够说明问题。

销售人员在销售经理、销售总监和区域总经理的职位晋升过程中需要不断地提升和磨炼自己。销售经理需要提高自己的管理能力、领导力和沟通能力，做到"尽己之能"；销售总监需要具备更高的策略眼光和判断力，能够有效地领导团队实现企业的营销目标，做到"尽人之力"；区域总经理需要全局性的思维和决策能力，能够协调各个部门和团队，推动整个区域的发展，做到"尽人之智"。

为了做到这一点，区域总经理需要以年度为周期进行人才盘点，通过人才盘点，结合区域市场所处的市场阶段，把合适的人才放在合适的位置上，充分发挥每一个人的优势。这就是"尽人之智"。

以销售团队为例，人才盘点一般从以下几个维度展开。

1）**专业能力测评。**不同职位对专业能力的要求不同，如销售人员、销售经理、销售总监、区域总经理等。在这个方面，可以借助专业测评公司提供的工具来进行，例如 360 度测评，通过上级、下级、平级等多个角色对员工进行综合评估，了解其工作表现和相关能力，从而发现员工的优势和不足。我们在企业内部进行过 360 度测评，最后发现人缘好的同事得分会比较高，而不一定是能力强的得分高，因此 360 度测评的结果应该只作为一个评估维度，并且不能占据太大的权重。

关于专业能力的测评，通过出题考试的方式了解员工的专业技能、领导力、沟通能力等是否与岗位要求相匹配，这需要测评公司根据实际业务定制专门的测评题目。

2）**历史业绩的评估。**销售人员是根据数字进行考核和评估的。因此，需要考核和评估销售人员的历史业绩，如果是销售经理、销售总监等管理者，需要考核和评估的是团队的历史业绩。需要特别说明的是，我们要看近 3 年的历史业绩，而不是只看 1 年的业绩。1 年的业绩好会存在运气成分，但 3 年业绩都很好一定是能力的体现。

3）**过程管理的评估。**过程管理是管理的重要一环，因此团队的过程管理情况可以反映管理者的管理水平，为人才盘点提供重要依据。

4）**培养人的评估。**销售管理者是"教练"角色，他们能否培养出优秀的销售人员和管理者，很大程度上说明了其是否称职，因此需要对其培养人的情况进行评估。

5）**自我发展和学习评估。**个人的自我发展和学习能力对其职业发展至关重要，是否具备主动学习的习惯，很大程度上决定了销售人员是否能够成功转型为销售经理、销售经理是否能够成功转型为销售总监，以及销售总监是否能够成功转型为区域总经理。

上述几个维度是区域总经理对销售人员、销售经理和销售总监进行评估的维度。在实际操作过程中，需要注意的是，要在指标的合理性、科学性、可获得性和真实性之间取得平衡。例如，某个指标能够很好地反映某项能力，但这个指标在企业信息系统中没有记录，我们很难获取到它，或者获取到的信息并不准确。在这种情况下，即使这个指标再好，也不能使用。

人才盘点的目的是更好地进行人才匹配。既然要匹配。我们就需要对人员进行分类。我们大致可以把销售总监和销售经理分为管理型销售总监、业务型销售总监、管理型销售经理、业务型销售经理。

对管理型销售总监来说，他们需要领导更大的团队并通过管理推动业绩增长。这意味着他们需要更强的领导力和管理能力，以及有效组织和协调团队合作、提高团队整体绩效的能力。

对业务型销售总监来说，他们需要建立一个由销售精英组成的团队，将重心回归到销售和业务方向。这意味着，他们需要更加专业的销售技能和业务知识，能够带领团队开拓市场、制定销售策略，以及实现业务目标。

对销售经理这个角色，同样可以分管理型和业务型两种类

型。管理型销售经理可以往销售总监方向培养，重点培养他们
的管理能力和领导能力。

业务型销售经理则可以成立业务单元，走精英销售的专业
发展路线。这意味着他们更多的是作为个人贡献者，出于对过
往业绩的认可，我们可以让他带徒弟或给予经理的职位。

上面是对销售管理者的评估和分类，对销售人员也一样。
我们可以根据能力和意愿对销售人员进行分类，在前文已经详
细阐述过。

只有把合适的人放在合适的位置上，才能最大限度地激
发其潜力，为组织创造价值。组织架构设计好、团队匹配好之
后，区域总经理要做的就是在实践中最大化地提高团队能力。
为了做到这一点，区域总经理要在团队内部形成复盘机制和复
盘文化。

复盘是通过回顾、反思和探究过去的思维和行为，找出原
因、找到规律，指导我们解决问题，帮助我们提升能力。复盘
到底有哪些作用？

1）避免重复犯错。每次实践都不可能做到百分之百完美，
通过复盘可以发现自己做得好的方面和做得不好的方面。我们
需要找出做得不好的原因，还需要找出之前不知道的问题，以
避免在同样的地方再次犯错。

2）发现普遍规律。复盘有助于发现普遍规律。以销售为
例，尽管 B2B 销售方法的底层逻辑是相似的，但具体到某个行
业或企业的操作方法是不同的。通过复盘总结出最佳实践，形

成内部操作手册并在企业内部推广，销售团队就可以快速复制。

3）始终坚持在正确的方向上。正确地做事情是战术层面的事情，但是做正确的事情是战略层面的事情，做难且正确的事情，能最快实现目标。

在企业内部如何更好地复盘？如何通过复盘来推动团队能力的整体提升？我们需要从两个方面考虑，首先是复盘的内容。复盘作为个人能力提升的工具，我们倡导大家都能够随时随地进行复盘，在所有的事情上也都可以复盘。

但是在公司和部门层面上推进的复盘项目，一定要是与部门岗位的关键成功因素相关的，例如核心事件、经营优势、经营短板和高频事件。

在这些核心事件上，根据事件的性质，形成以周、月为单位的复盘机制，通过复盘提升团队能力。

整体复盘分为4个步骤：回顾、反思、探究和提升。通过回顾事情的过程，深入反思自己哪些地方做得好，哪些地方做得不好；通过反思帮助自己找到进步的空间。如果这个过程中能够探究出普遍的规律，就可以用于指导未来的工作。最后的提升其实是复盘的结果，不是复盘的过程。如果我们能形成复盘机制，就可以在企业内部建立起持续改进的文化。

在复盘过程中，最重要的环节是情景再现。情景再现最基本的是要做到真实客观、全面完整。这一点说起来简单，但要真操作起来并不那么容易。我们总会有很多行为是无意识的，例如给客户做一个PPT演示，自认为演讲得很好，但是如果把自己的演讲过程录制下来，再看一遍，就会发现很多不曾意识到的问题，甚至推翻自己之前认为自己讲得好的认知。

因此，在复盘时，我们可以借助一些技术手段。例如，会议纪要、录音、视频等，来真实客观地还原当时的情景。先情景再现，再反思和探究，而不是一上来就急于反思和总结。

建立和完善区域工作流程和制度

区域总经理需要根据区域实际情况，建立和完善区域工作流程和相应的工作制度。任正非曾经说过一句话：组织最大的浪费就是经验的浪费。如果我们能够把个体的经验、团队的经验沉淀下来，就能够变成组织的一种能力，并且能够实现业务的流程化。

以 B2B 的大客户销售为例，很多人认为销售是一门艺术，讲究的是随机应变，是没有流程的，但是很多非常成功的企业是有销售流程的。区域总经理要对销售过程进行归纳总结，形成销售方法，让所有的销售人员都按照这个方法去工作，从而确保业绩持续增长。

销售流程标准化可以更加体系化地对员工进行培训和训练；可以帮助员工更快地成长，降低对明星销售的依赖；从组织的角度来说，招聘的难度也会随之下降。

销售流程可以标准化，同样其他工作也可以实现标准化。工作流程的标准化配合相应的工作制度能够使每一个同事，尤其是新加入的同事快速掌握工作技能，并且能够产出优质成果。这实际上就是工作流程标准化的价值，或者说是工作手册的价值和意义。

通过工作流程标准化，将员工的个人能力转化为企业的组织能力，并将其复制给新员工，是非常重要的。区域总经理要根据集团的要求和区域的实际情况，建立和完善区域工作流程和相应的工作制度，从而大大提高区域的组织执行力。

制订市场拓展计划

区域的发展策略制定好了，团队架构也搭建好了，区域内部的工作流程和制度也完善了，接下来需要做的是具体的工作计划，主要是市场开拓计划，特别是对新区域来说，这一点尤为重要。

作为一个销售总监转型的区域总经理，首先需要接管集团筹备的新区域和分公司。区域总经理如果能够做好管理，再逐步管理更大的区域和成熟的一、二线区域。在新区，区域总经理需要承担市场开拓的职责，因此制订具体、切实有效的市场开拓计划至关重要。

为了制订市场开拓计划，区域总经理首先要做的是市场和客户群体的调研，只有充分了解当地的市场情况，才能制订出切实有效的市场计划。

整体市场调研主要从以下几个方面入手。

1）**宏观政策**。对区域整体宏观政策的情况和其对行业的影响等因素进行研究。这些政策导向通常会对市场计划产生很大的影响。

2）**市场情况**。了解区域市场总量、公司市场占有率、竞争对手等因素。这是制订市场计划需要考虑的重要因素。

3）**竞争对手 SWOT 分析**。了解区域主要竞争对手的情况，对主要竞争对手进行详细的 SWOT 分析，制定适当的竞争策略。

以上是从宏观政策、市场情况、竞争对手 SWOT 分析等方面进行调研和分析，可以帮助区域总经理更好地认识区域市场。

除了市场情况之外，还需要对客户群体的特点进行调研，以制订客户开发和跟进计划。调研内容主要包括以下几个方面。

1）**现有客户的分类和特点**。研究客户来自哪些行业，是民营企业、外企还是事业单位等，通过分析现有客户来规划理想的客户画像。

2）**客户的核心需求**。归纳现有客户的需求，整理出客户80% 的共性需求，对了解客户需求很有帮助。

3）**客户群体采购流程和采购角色分析**。研究客户群体采购流程和采购逻辑，以及客户采购群体的组织需求和个人需求，以制定客户跟进策略。

通过对市场和客户群体进行分析调研，再结合自身的优势、劣势分析和定位，就可以制订出切实可行的市场开拓计划。完整的市场开拓计划应该包含 4 个层次。

1）**市场覆盖计划**。不同的客户群体如何覆盖，哪些客户群体要重点投入，哪些客户群体今年处于培育阶段等，如果把市场开拓比喻成打鱼，这就是选择捕鱼的池塘，池塘选择得好坏，直接决定了收成的好坏。

2）**客户发展计划**。重点客户如何跟进、发展和经营，客户如何进行分类和分级管理。这相当于在池塘中，选择哪些鱼要重点捕获，哪些鱼采用哪些方式捕获。

3）**商机管理计划**。针对具体的项目机会如何管理，尤其是针对 B2B 的大客户销售模式，销售机会有很多，如何管理、如何跟进就变得非常重要。这是对捕鱼过程的管理。

4）**客户拜访管理**。对销售人员销售活动的管理，每周拜访的数量是多少？拜访是怎样进行的？取得了什么样的效果？所有的成功销售都需要通过一次又一次的销售拜访来实现。这是销售管理的重点。

根据市场调研制订市场开拓计划，坚决落实市场开拓计划，就一定会取得成绩。

督促各项计划的落实

制订了具体的工作计划，接下来就是落实和执行的问题。所有的计划都需要被执行，才能得到想要的结果。这就是执行力。

　　这里的执行力并不是单纯地指员工的个人执行力，而是指整个区域的整体执行力，是组织或者说是团队执行力的概念。为了确保这一点，要从以下几个方面来考虑。

　　首先，要确保工作目标和工作计划层层分解，从区域总经理、销售总监、销售经理到销售代表等每个层面的员工都能够清晰地理解公司的目标。只有做到了理解无误，才谈得上执行，否则执行到位只是空谈而已。

　　其次，要有一套监督落实机制和流程。通过这套机制和流程保证工作计划能够被彻底执行。以 B2B 销售模式为例，为了提高老客户的续约率，我们会要求项目结束之后，对成交 100 万元以上的客户进行一次正式回访，通过回访对服务进行一次总结和回顾，提前了解客户的满意度，为来年续约做准备。为了更好地落实，我们总结了一套老客户回访方法。

　　1）**盘点客户**。看符合回访要求的客户有多少，例如成交 100 万元以上的客户有 10 个，具体什么条件的客户需要回访，要从公司层面规定清楚。

　　2）**制定策略**。确定回访客户名单之后，接下来就是根据客户服务情况，制定客户回访策略，例如邀请谁参与、沟通哪些内容、客户疑问的解答等。

　　3）**准备工具**。提前准备好相关的销售工具，例如结项报告、方案和建议等。只有做好充分的准备，才能保证良好的沟通效果。

　　4）**执行计划**。按照策略和计划去执行。

5）**树立榜样。**为了确保员工积极地去落实和执行计划，要在团队内部树立榜样和典型，通过榜样的力量去号召大家积极落实和执行计划。

6）**奖励到位。**除了榜样的力量之外，可以设置一些奖励政策，对做得好的同事给予奖励。发奖的过程要具有仪式感，才能把奖励的作用最大化地发挥出来，悄无声息地发1万元奖金，不如在公开场合发3000元对员工的激励作用更大。

7）**总结复盘。**针对执行过程中的问题、客户的疑问，随时进行总结复盘，形成标准答案，通过积累知识库可以形成工作手册，提高执行的标准化和效率，提升团队执行力。

这个方法不只适用于老客户回访，在其他销售策略的落地过程中同样适用。除了销售团队，职能团队落实工作计划也可以参考这个方法。

最后，评估人员的能力和意愿。看他们落实工作计划的意愿是否强烈？能力是否匹配？执行不好，具体是什么原因，如果是意愿的问题，要通过激发、督促、要求等手段确保执行效果；如果是人员的能力问题，要通过培训和训练的方式，确保员工能够胜任工作。如果培训和训练之后员工也无法胜任工作，就需要考虑把工作交给其他同事去做。

上述是区域总经理需要做的核心工作，包括制定策略、搭建团队、梳理流程、制订计划和监督落实等。所有这些工作都围绕一个主题展开，那就是如何达到区域的业绩目标。

第 18 章

区域总经理面临的挑战

销售总监转型为区域总经理之后，首先面临的是思维方式的挑战。区域总经理需要改变自己的思维方式来适应新的岗位。其次，区域总经理的工作职责发生了很大程度的改变，新工作岗位对区域总经理的工作技能和时间管理也提出了很大的挑战，主要是以下几个方面。

缺乏组建强大团队的能力

销售总监转型为区域总经理后，岗位的复杂性和工作量大幅提升，新领域也需要应对，因此建立强大的团队对区域总经理来说至关重要。

有些区域总经理对销售部门过于偏爱（因为他们曾经是销售总监），从而忽视了其他部门；有些区域总经理无法团结和激励副总、其他部门负责人，无法建立信任关系，会议上频繁争吵、效率低下，这导致区域总经理未能成功转型。

有些区域总经理无法转变思维方式，总是亲自处理具体问题，而不是依靠团队解决问题。他们仍然以个人贡献者的身份处理问题，这种行为会导致副总和销售总监感到束手无策，同时也让自己忙碌不堪，无法集中精力处理更重要的工作。例如，思考未来区域发展策略。区域总经理如果总是处于这种状态，很难晋升到集团高管。

缺乏商业盈利技能

区域总经理的核心职责是实现企业利润，也就是通过高效运营区域资源来赚钱。从销售总监转型为区域总经理后，需要更多地考虑成本、运营等方面，而不只是项目和销售收入。销售总监转型的区域总经理对赚钱的意识会更强，但即便如此，他们也仅仅关注收入，对利润的理解很浅，并不知道应该采取哪些措施来获取。他们只关注某个环节，低估了运营部门的作用。

缺乏对商业盈利技能的掌握，主要是缺乏对核心商业模式的深刻理解，区域总经理需要努力学习和理解这一点。从管理销售部门转向管理不熟悉的职能部门，这是一项重大的挑战。
区域总经理首先要承认自己的不足，虚心学习，掌握关键流
程，找到专门人员来完成任务。

不重视企业文化的价值

　　区域总经理通常是从销售一线做起的，因此往往对企业文
化建设缺乏足够的重视，认为这些只是形式。他们不愿意在企
业文化建设方面投入时间、精力和资金，然而作为企业的领导
者应该是企业文化的倡导者和建设者。他们应该意识到企业文
化对团队和员工的影响，以及对企业的重要性。对区域总经理
来说，打造良好的企业文化变得至关重要。

　　为了应对挑战，顺利实现转型，区域总经理一方面需要学
习财务、人力、运营等方面的知识，提高自己的综合素质，另
一方面也需要提升自己的综合管理能力和个人领导力。

　　区域总经理在实现领导力提升的过程中，上司的辅导固然
重要，但最重要的还得靠自己主动学习和实践。在拉姆·查兰
的《领导梯队：全面打造领导力驱动型公司》一书中有一个协
同三角形模型，可以很好地帮助区域总经理实现领导力转型和
思维方式转变，如图 18-1 所示。

　　协同三角形模型展示了区域总经理的主要工作职责、相关
知识要求，以及思考问题的框架。区域总经理在面对复杂问题

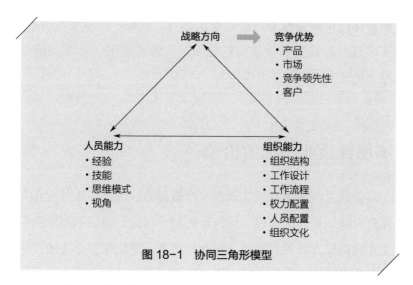

图 18-1　协同三角形模型

时，可以使用这个模型帮助自己更从容地应对。区域总经理需要学会评估和协调各个部门的工作，发挥团队的优势。为了做到这一点，区域总经理可以从以下几个方面入手。

1）定期与每个部门负责人进行沟通，可以是每月或每周一次，具体时间节奏可以根据区域情况安排。在沟通过程中，区域总经理需要多提问和倾听，并适当给予反馈。

2）帮助部门设定目标，将部门目标与公司目标联系起来，通过这个过程帮助自己理解部门目标，并帮助部门负责人发现问题。

3）定期与部门负责人一起外出，可以是一起拜访客户，也可以是一起出差，以更好地了解部门的实际工作情况。

胜任区域总经理职位并不是想象的那么容易，但只要按照这个模型去思考，通过不断地实践、总结和学习，就可以取得成功。

缺乏有效的激励

缺乏有效的激励是一个需要解决的问题。区域总经理管理范围扩大了，工作职责也不再局限于销售业务，而是涵盖了所有业务。在与销售总监和销售部门同事沟通时，区域总经理可以展现自己对相关业务的了解，从而激发销售总监和团队成员的积极性。

为了更好地履行区域总经理的义务，区域总经理需要学习财务、人事、技术等多个领域的知识。尽管并不要求成为专家，但至少应该对这些领域的核心逻辑有清晰的了解。通过努力提升自己的综合素质，区域总经理可以更好地理解财务、人事、技术等职能部门的工作，并协调各个职能部门为实现共同目标而努力。

在激励团队方面，区域总经理可以采取一系列措施：首先，建立明确的目标和绩效评估体系，让团队成员明确工作目标，并根据绩效评估激励他们；其次，提供具有挑战性和发展机会的工作任务，激发团队成员的积极性和动力；再次，通过提供培训和发展计划，帮助团队成员提升能力和职业发展，从而增加他们的动力和工作满意度；最后，积极表扬和认可团队成员的优秀表现，营造积极向上的工作氛围。

有效的激励还需要区域总经理展现出激情和激励他人的能力。区域总经理可以成为榜样，展示出对工作的热情和专业能力，激发团队成员的积极性和工作热情。同时，通过与团队成员建立良好的沟通和合作关系，了解他们的需求和动机，从而有针对性地提供激励措施。

不合理的时间管理

对区域总经理来说，因为管理范围扩大，时间管理就变得非常重要。区域总经理需要兼顾销售部门、职能部门、运营和生产部门、技术部门等，既需要参与各个部门的核心业务，给予指导，又不能事必躬亲，要打造高效的团队，把工作交给专业和擅长的人。

区域总经理如何评估自己的各项工作？哪些是重要的事情？当两件事情有冲突的时候，应该如何抉择？成功的关键在于，区域总经理要做那些从整体业务的角度来看应该优先做的事情，既能完成短期的业绩，又能持续增长。

第 5 篇

统筹全局：
让战略直达销售

第 19 章
销售总裁的工作理念

销售总裁属于集团高管，销售人员能够成为销售总裁的少之又少，但正因为稀少才珍贵，对于销售总裁应该具备哪些全新的工作理念，是本章的重点内容。主要包括：系统思维、关注趋势、创新思维、数字化思维、重视人才培养体系等。

第 20 章
销售总裁的重点工作

本章重点讲述销售总裁的重点工作内容：如何做出正确的战略规划、建立公司战略和区域实际业务的连接，让战略直达销售、建立数字化的销售管理体系、搭建人才培养体系等，对销售总裁来说都非常重要。

SALES EXCELLENCE
A Guide to Career
Advancement from Sales
Novice to Sales President

销售总裁的工作理念

    区域总经理拥有对区域的掌控权，从事自己喜欢的工作，区域总经理转型为集团销售总裁是一个巨大的挑战。当区域总经理晋升为集团销售总裁时，他们需要适应新的领导岗位。因为作为集团高管，他们不再直接管理具体业务，下属团队也会减少，有时还需要向其他部门借调人员。这种转变对许多新上任的集团销售总裁来说可能会有不适应感。集团销售总裁需要参与制定集团营销战略，培养和管理区域总经理，建立从战略到执行的销售体系，为此需要树立全新的工作理念。

    首先，作为集团销售总裁需要参与制定集团的营销战略。这意味着他们需要具备更广阔的视野，从整体的战略角度思考业务发展方向。他们应该深入了解集团的愿景和目标，并与其他高层管理人员合作，确保制定的营销战略与整体战略一致。

其次，集团销售总裁需要培养和管理区域总经理。这包括确保区域总经理团队的协作和配合，提供他们所需的资源和支持，并确保他们的工作与集团的整体目标保持一致。集团销售总裁应该发挥领导者的作用，通过指导、培训和激励帮助区域总经理提高绩效，并推动整个销售团队的成功。

最后，集团销售总裁需要建立从战略到执行的销售体系。他们应该制定明确的销售任务和KPI，并确保这些任务得到有效执行和监控。他们应该与其他部门密切合作，确保销售策略与市场营销、产品开发和运营等其他方面的工作相互配合，以实现整体业务的协同发展。

对新上任的集团销售总裁来说，适应这些新的工作要求需要一些调整和学习。他们可以积极主动地与其他高层管理人员和部门负责人合作，了解集团的运作方式和战略目标。同时，他们可以寻求培训和指导，提升领导、战略制定和团队管理等方面的能力。重要的是，他们要保持开放的心态，愿意学习和适应新的角色要求，以便更好地履行集团销售总裁的职责。

具备全局观念，培养系统思维

对销售总裁而言，树立全局观念、培养系统思维并建立企业的销售体系是至关重要的工作理念。全局观念意味着从整体的角度看待问题，在更广阔的环境中进行思考，超越眼前利益，关注长远发展和整体利益。对销售总裁来说，全局观念至关重要。因为他们处于更高的职位，需要考虑不同区域市场（如一线、二线、三线）之间的差异和相互关系。这些区域之间存在竞争与合作，销售总裁应该能够站在全局的角度来平衡各方利益，避免过度关注某一部分人的利益，从而忽视了企业的整体利益，以免影响企业整体效益。

另外，系统思维是一种以系统为视角看待问题的思维方式，将问题视为相互联系、相互作用的系统而非孤立的部分。系统思维强调整体性、综合性和系统性，关注从系统的角度分析问题，以找到最优的解决方案。在企业管理中，系统思维同样至关重要。因为企业是一个相互关联、相互作用的系统，包括不同区域和部门。销售总裁需要培养系统思维能力，以全面审视企业的销售体系，制定适应市场变化的营销策略和销售体系，为企业的可持续发展提供支持。

因此，对销售总裁而言，树立全局观念和培养系统思维的能力是至关重要的。这种能力可以帮助他们制定适应市场变化的营销策略和销售体系，推动企业建立增长新曲线，实现可持续发展。销售总裁需要从全局的角度思考和平衡各方利益，不仅关注个别利益，更重视企业的整体利益。同时，他们需要应用系统思维分析问题，找到综合性的解决方案，促进企业的全面发展。这样的工作理念将为销售总裁在领导企业创新、建立增长新曲线的过程中提供有力的支持。

关注趋势，发现新机会

区域总经理在公司战略规划的指导下，主要关注具体的事务。他们负责发现区域销售机会，并组织资源来跟进销售机会和进行客户经营工作。然而，对销售总裁来说，需要关注新技术的发展和趋势，并基于此进行正确的战略规划。

任何行业都存在各种潜在的机会，销售总裁需要发现和分析这些机会。一旦发现某个新机会，他们必须决定是否开发该机会，创建新的业务或并购现有业务。有效预测哪些企业将引领某个新行业、哪些企业将进入该行业，以及该行业将经历哪些创新。这是一种高级别的战略思维能力。

例如，人工智能（AI）技术对医疗服务行业的发展产生了深远影响。2017 年，某团队收集了 129450 例皮肤病临床图像作为训练数据，对 AI 进行训练。经过训练后的 AI 在诊断皮肤癌方面与皮肤科专家的诊断结果高度一致，几乎可以媲美专业医生。

任何行业中新技术的应用都会深刻影响该行业的发展。因此，对销售总裁来说，需要时刻关注新技术的发展，并评估新技术对公司发展的机遇和威胁。他们需要思考如何更好地利用这些机遇，以推动公司的增长和发展。

推动创新，建立新的增长曲线

企业的发展是有生命周期的。企业生命周期是指企业从成立到终结的不同阶段和发展过程。虽然每个企业的生命周期可能会有所不同，但一般可以分为以下几个阶段。

1）**创业期。**企业成立之初的阶段，创始人通常是核心团队，着重于产品开发、市场验证和获得初创资金。在这个阶段，企业面临着高风险和不确定性。

2）**成长期。**企业在市场上取得初步成功，实现了产品和市场的匹配，并开始迅速扩张；销售和收入增长迅速，公司规模逐渐扩大，组织结构开始形成，需要加强管理和提高运营能力。

3）**成熟期。**企业已经建立了稳定的市场地位和客户基础，经验丰富，市场份额相对稳定。在这个阶段，企业的重点是提高效率、优化业务流程，并寻找新的增长机会，如产品创新、市场拓展或并购。

4）**衰退期。**企业市场份额和盈利能力开始下降，面临竞争压力和市场变化。企业可能需要进行战略调整、产品重新定位或组织结构重塑，以恢复竞争力和寻求新的发展方向。

5）**转型期**。企业在发展过程中面临市场、技术、竞争等变化所需进行的战略性改变和调整阶段。在转型期，企业需要适应新的市场环境，调整业务模式和战略，以实现持续的发展和增长。

6）**终结期**。企业无法继续经营，可能因为市场变化、竞争失败、财务问题或其他原因而面临关闭、破产或出售。

企业在生命周期的每个阶段都有其独特的挑战和机会。企业需要在不同阶段做出相应的战略决策和调整，以适应市场环境的变化，并保持持续的创新和竞争优势。

作为销售总裁，应了解并识别企业所处的生命周期阶段，根据企业所处的发展阶段和行业发展阶段，主动参与企业创新，并判断市场的变化趋势，调研市场竞争态势，分析客户需求变化，结合企业的实际情况（技术、团队、资金），在 CEO 的领导下，协调相关部门共同制定新的战略，重点支持公司产品创新和商业模式创新，探索和建立企业第二条增长曲线。第二曲线理论如图 19-1 所示。

在推进企业创新过程中，参考路江涌教授提出的工具来规划和落地，可以把企业按照内部和外部，以及人和事的维度进行分解：企业外部的人（用户）、内部的人（组织）、外部的事（市场），以及内部的事（产品）4 个要素，见表 19-1。

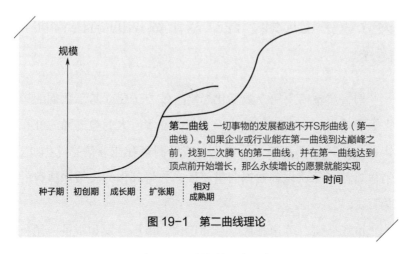

第二曲线　一切事物的发展都逃不开 S 形曲线（第一曲线）。如果企业或行业能在第一曲线到达巅峰之前，找到二次腾飞的第二曲线，并在第一曲线达到顶点前开始增长，那么永续增长的愿景就能实现

图 19-1　第二曲线理论

表 19-1　创新的 4 个要素

	人	事
外部	用户 ● 用户特征 ● 用户需求 ● 用户选择	市场 ● 技术趋势 ● 资本资源 ● 市场竞合
内部	组织 ● 领导者 ● 团队员工 ● 组织管理	产品 ● 产品开发 ● 营销推广 ● 商业模式

　　企业创新可以从这 4 个要素入手，根据市场趋势、用户需求变化、竞争变化、企业的产品，推动企业的变革和创新。

　　销售总裁要根据企业的创新战略，制定相应的营销策略，同时设计和匹配组织架构，提升和优化团队的能力，最终让战略直达销售，驱动公司的第二增长曲线顺利实现。

树立数字化思维，建立基于数据的销售管理体系

销售总裁需要树立数字化思维，致力于建立基于数据的销售管理体系。在数字化时代，企业面临着巨大的数据涌入和积累，这为销售总裁提供了宝贵的市场洞察和业务信息。因此，销售总裁必须认识到数据的重要性，并将其作为决策和执行的基石。

市场调研、客户画像、产品定位、市场开发和跟进、销售行为和结果等，每个环节都会产生大量的业务数据。销售总裁需要思考这些业务数据与企业财务数据（如收入和利润）之间的关系，需要了解如何根据过去半年的业务数据推测全年可能实现的财务数据。这个思考过程对销售总裁来说至关重要。

建立业务数据与财务数据的关联，并构建数字化的销售管理体系，对企业来说很重要。正因如此，许多企业投入巨资建立客户关系管理（CRM）系统、企业资源计划（ERP）系统等信息系统，目的就是建立数字化运营体系，使业务数据和财务数据能够相互关联和支持。

具体来说，销售总裁需要思考如何建立数字化运营体系，包括选择合适的信息系统，制定数据收集与分析标准和流程，培养团队成员的数据分析能力，以及将数据驱动的决策融入销售管理中。通过建立这样的数字化运营体系，销售总裁能够更好地利用数据来指导决策和推动业务增长。

具备数字化思维意味着销售总裁需要在业务决策和销售策略中充分利用数据。销售总裁应该了解不同数据源的价值，并能够运用数据采集、整合和分析方法，从海量数据中提取有用的见解。数字化思维能够帮助销售总裁更好地把握市场趋势、洞察客户需求，并制定相应的销售策略和计划。

数字化转型是现代企业发展的关键驱动力。销售总裁在推动企业数字化转型方面发挥着至关重要的作用。销售总裁要与其他部门紧密合作，整合各业务领域的数据资源，实现全面的企业数据管理和共享，以提升整体运营效率和决策质量。

通过推动数字化转型和建立基于数据的销售管理体系，销售总裁能够更好地优化销售流程、提升销售绩效，并为企业开拓出新的增长曲线。数字化为企业带来了前所未有的机遇和挑战，只有具备数字化思维和能力的销售总裁，才能在激烈的竞争中立于不败之地，并推动企业实现持续创新和成功。

如何建立数字化管理体系、建立业务数据和财务数据的关系，将在下面的章节中详细阐述。

构建人才培养体系

构建人才培养体系，要优先授权，而非过度管控追求间接的成功。

销售总裁的成功已经不再直接取决于个人的业务能力和销

售管理能力，而是依赖于所管理和指导的区域总经理的表现，这就需要转变为管理者和领导者。这种转变可以被视为一种间接的成功，其主要表现在以下几个方面。

首先，销售总裁需要具备高效的决策能力，以便在不同的分公司和业务线之间进行合理的优化和平衡，从而制定出最有效的策略和决策。这一点对于拥有多个产品线和多个区域的集团公司尤其重要。销售总裁还需要深入理解各种业务，明确其优势和挑战，从而能做出符合实际的决策。

其次，销售总裁必须具备优秀的人才培养和管理能力，进行销售团队的梯队建设，能够提升并发展区域总经理的业务能力和领导力。销售总裁还需要放权，允许区域总经理自主负责和管理自己的区域，而不是过度介入。如果销售总裁过于积极参与一线业务，可能会妨碍区域总经理的成长，并降低整体的工作效率。

最后，销售总裁需要始终以公司的总体战略为准则，不应仅关注自己熟悉或感兴趣的区域或业务。销售总裁需要站在全局的角度，以公司的长远利益为主，考虑和管理各个区域及其业务。

总的来说，销售总裁的工作方式和思维方式的转变是一项充满挑战的任务，但这也是实现更大成功的必要条件，必须学会通过培养和管理区域总经理来实现间接的成功，主动转变自己的角色，成为真正的领导者。

第 20 章

SALES
EXCELLENCE
A Guide to Career
Advancement from Sales
Novice to Sales President

销售总裁的重点工作

做出正确的战略规划

商业组织的成功在于两个方面：一是战略规划；二是按照规划执行。其公式如下。

商业组织的成功 = 战略规划 × 按照规划执行

销售总裁是需要参与企业战略规划的，并基于此制定区域战略目标和规划。因为销售总裁是连接 CEO 和总监、经理等执行层员工的重要纽带和节点。每家企业都宣称自己有清晰的战略，但很多时候又都是模棱两可的。企业战略到底是指什么？有人会说，企业战略就是企业愿景、使命和价值观。

愿景、使命和价值观告诉了员工要成为一家什么样的企业，但员工还是无法清晰地理解要做什么、不做什么，以及如何做。

战略是一个组织从现在所处的位置走向他期望、注定不确定的未来的一次运动。按照这个定义，企业首先需要明确在市场中所处的位置、未来的目标是什么，以及通过什么样的路径可以帮助从现状达到目标。这个过程中面临着很多选择，战略就是选择，通过选择可以更快更好地达到目标。战略规划主要包含以下几个方面。

战略目标

战略目标是指公司未来的发展方向和希望实现的目标，或者想做成什么样的事情，达成什么样的结果。战略目标分为长期目标（未来 3~5 年的战略目标）、短期目标（当年度要实现的目标）。

长期目标：未来 3 年，保持可持续、高质量增长，实现 3 年业绩翻倍。

短期目标：2023 年，实现业绩增长 30%，区域市场份额第一，成为当地市场的龙头品牌。

企业在进行战略目标选择时，要从两个方面进行考虑，分别是客户价值和财务价值，反映到企业实际的业务指标中就是销售收入和利润。《销售转型》一书中给出了一个测试。

图 20-1 的纵坐标代表利润,横坐标代表销售收入。销售总裁和公司高管层在制定企业战略目标时,如果图 20-1 中 A、B、C、D 是未来公司战略目标实现情况下的 4 种状态,应该如何对这 4 种状态进行排序呢?

A:销售收入增长高,利润为正。这种状态几乎不会有争议,一眼就看得出来,这是最好的状态。

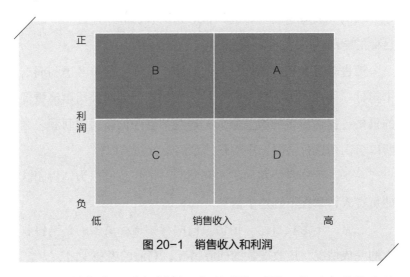

图 20-1　销售收入和利润

B:销售收入增长缓慢,但是利润不错,公司实现稳步的增长,利润也乐观,很多过了快速发展期的公司都处于这种状态。

C:销售收入增长缓慢,利润为负的情况。

D:销售收入增长很好,但是利润为负。

C 和 D 经常会让很多高管感到疑惑,他们会认为 D 是明显比 C 好的,因为在对公司很重要的两个指标中,有一个是好的。其实仔细思考就会发现，在利润为负的情况下，销售收入增长的越快，公司亏损越大，反而 D 才是最差的，但因为销售收入增长势头很好，反而迷惑了很多人。

企业成功的标志是为客户创造价值并且高于平均水平，为股东提供财务回报并且高于平均水平。客户价值主要通过销售收入来衡量，因为更多的销售收入代表着更多的客户选择企业，利润代表着给投资者的回报。这两者加起来才是企业战略目标的全部。

销售总裁在担任销售总监的时候，基本上很少考虑利润这个指标。例如，为了某个大项目，绞尽脑汁地向公司申请更低的价格，提供更多的增值服务，这些都会降低公司的利润。之所以会出现这种情况，主要是以下两个方面的原因。

一是，不知道公司的成本和利润。销售总监作为销售团队的负责人，掌握不到这个信息。

二是，不考核自己。销售总监的考核指标更多的是销售收入的完成情况、应收账款的回收情况，利润的考核少之又少。

在担任销售总裁之后，以上情况会大大改观，销售总裁的考核中利润的权重也会大大增加。还有一种情况会导致销售总裁在做目标选择时，不重视利润指标，那就是他认为自己是在做投资，现在亏损是为了抢占市场，未来是可以实现盈利的。

很多销售人员在向公司申请低价格时都会说，"这个客户很有潜力，我们这次只是合作一小部分，如果服务得好，未来

会有更大范围的合作"，希望以此为借口向公司争取资源。最
后也就只是个借口而已，因为如果初期项目不挣钱，未来更大
范围的合作只会亏损更多。

一些互联网企业，通过提供免费服务，抢占了很多用户，
然后希望通过为用户提供额外服务来赚取利润。这意味着前期
现金流一定是负的，有了用户之后，再来吸引供应商、投资
商，然后再来吸引用户，如此循环。但实际上能够实现盈利的
企业少之又少。互联网泡沫一来，很多企业会倒闭，只有极少
部分企业能够实现盈利和成功。

这里有一个悖论就是，前期免费服务提供得太少，用户不
来，如果提供得太多，后期如何收费？而且免费用户的转换成
本很低，客户随时可以使用别的服务。因此销售总裁在进行战
略目标选择时，一定要考虑利润，实现可持续的、高质量的增
长，才是企业应该追求的目标。

战略路径选择

战略是一个组织从现在所处的位置走向它期望的未来的一
次行动。战略目标是对未来的期望和目标，为了能够实现战略
目标，我们需要知道企业现在所处的位置、确定从企业现状到
目标的路径。

确定现状和路径的方法是战略 4P，即市场调查、市场细
分、市场选择、市场定位。

1. 市场调查

市场调查的目的是确定企业目前所处的位置，其中包括整体的宏观环境调查、竞争对手调查和分析、客户群体调查和分析，以及自身的分析。通过市场调查，销售总裁可以清晰地认识到企业目前所处的位置、现状和战略目标的差距，从而确定战略路径。

2. 市场细分

市场细分是按照某种标准将产品与服务准备进入的整体大市场划分成若干个小市场的过程。每个细分市场中客户的心态、需求、购买方式有很多相似的地方。通过市场细分，我们可以更精准地制定不同细分市场的营销策略。

3. 市场选择

市场细分之后，需要做的是市场选择。市场选择必须有所侧重，什么都想做的结果，往往可能什么都做不好。例如，企业聚焦世界500强企业等大客户，就规定了公司的战略发展方向和范围，就要放弃中小客户。因为企业的资源是有限的，要把最好的资源投入符合战略规划的客户上。

很多时候无法完全放弃某个市场，而是需要逐步转型。这个时候企业就需要对业务有一个清晰的定位和分类。

核心业务：现有的主要市场，贡献了大部分销售收入和利润，需要继续延伸、捍卫、增加核心业务市场的投入，争取更高的利润。

成长业务：业务模式已经得到论证，需要扩大规模、增加市场份额，使其成长为真正的市场机会。

新兴机会：未来新的业务增长点。我们需要对业务模式进行验证，论证其可行性、匹配能力和资源，使其变成未来新的业务增长点。

不同的市场需要有不同的策略，做好资源匹配和投入，既需要巩固好现有的核心业务，也需要新的机会和增长，并且持续创新。

4. 市场定位

对不同的细分市场、不同的客户群体，公司的优势和策略也应该有所不同。首先需要思考的是公司能为细分市场的客户提供哪些价值，需要考虑以下几个问题。

1）目标客户画像是什么样的？

2）公司能给客户提供哪些独特的价值？竞争优势是什么？

3）公司的商业模式是什么样的？如何赚钱？

4）公司能参与哪些活动？不参与哪些活动？还需要参与哪些活动？

5）如何创造持续的客户价值？如何创造可持续的利润增长？如何保持竞争优势？

这些问题可以帮助企业更好地对市场进行规划，匹配资源和能力为客户创造价值。只有持续地为客户创造价值，企业才有可能生存下去。

建立战略和业务的连接，让战略直达销售

商业组织的成功 = 战略规划 × 按照规划执行，战略规划和执行两者缺一不可。再好的战略规划也需要执行。一流的战略加上一流的执行，会产生卓越的结果；平庸的战略加上一流的执行，会得到优秀的结果；如果优秀的战略加上糟糕的执行，不会产生好结果。这充分说明了执行的重要性。

从战略到执行的核心是各个模块的一致性和协同。销售总裁需要对战略进行分解，并且准确无误地传递给区域总经理，区域总经理传达给销售总监、经理和销售人员。这一步最重要的是确保信息不失真，确保每一个团队成员都能够准确地理解战略意图和规划。为了确保这一点，销售总裁需要在内部建立起上传下达的机制、标准化工具的使用，以确保信息传递的准确性。

战略要层层分解为团队成员可理解的具体任务和路径。这一步是确保一致性的关键。关键任务的背后是具体的销售行为。销售行为要具体到角色，哪些行为是销售人员的？哪些行为是销售经理的？哪些行为是销售总监的？这样就能够确保从战略到销售行为之间的路径是通畅的，是具有一致性的。战略直达销售人员如图 20-2 所示。

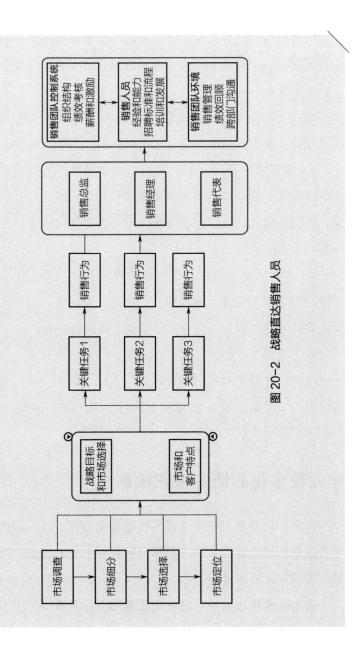

图 20-2　战略直达销售人员

销售行为确定好之后，接下来就是贯彻和落实的问题，也就是执行。一个命令在企业中能不能被执行下去，主要取决于以下 3 个方面。

1）销售团队的指挥系统是否完善，指挥系统包含组织结构、绩效考核、薪酬激励等。这对任何一个团队都是非常重要的。

2）销售团队是否有能力执行。这涉及销售人员招聘、培养等一系列工作，特别需要对团队成员进行精准定位、精准培养，找到最合适的人，把合适的人放到合适的位置上，充分发挥每一个人的优势。

3）团队环境和氛围是否鼓励销售人员这么做？团队环境和氛围包含销售管理、绩效回顾、跨部门沟通等。这其实是减少做这件事情的阻力。阻力越小，事情越容易完成。

以上组织几个方面是环环相扣的，只有协调起来，并且确保一致性，才能把战略规划和销售执行结合起来。最终商业组织的成功 = 战略规划 × 按照规划执行，两者缺一不可。

建立数字化的销售管理体系

作为公司高管，销售总裁不可能总是冲在一线，因此必须学会用数据进行管理，通过数据分析找到业务关键点，帮助区域制定销售策略和管理节奏。

在实际管理过程中，通常用定量的指标来衡量一个工作是否成功。销售体系存在以下指标。

- 签单额。
- 收入额。
- 利润。
- 应收账款。
- 市场份额。
- 收入增长率。
- 销售人员开发客户的数量。
- 销售人员拜访客户的数量。
- 潜在客户数量。
- 解决方案的沟通率。

每家公司都会有很多这样的指标，一些公司甚至会有几十个指标，每个指标也都代表不同的意义。如何更好地分析和使用这些指标，对销售总裁来说非常重要。整体来说，数据指标分为以下三大类。

第一类：业务结果指标

业务结果指标更多地体现在财务指标上，比如营业收入、营业收入的增长率、毛利润、新客户签单额、客户满意度等。影响业务结果指标的因素，不仅是销售团队，而且包括财务部、生产部、市场部、竞争对手、整体市场环境等。

业务结果指标属于公司中的顶层指标，主要用来帮助评估公司整体健康水平。公司是处于快速发展期、成熟稳定期，还是衰退期？公司的利润水平怎样？与竞争对手相比市场份额怎样？客户满意度怎样？

业务结果指标是公司高层最关心的指标，很多时候他们对这些指标是爱恨交加，爱是因为它反映了公司的健康水平，恨是因为根本无法掌控这些指标。例如，营业收入增长率可以直接管理吗？这是公司运营的结果，是不能直接管理的。

以减肥为例，目标是一个月之内减到 80 公斤，过了一个月之后体重为 85 公斤，没有达到目标。对于这个数字，尽管我们非常不满意，但这就是客观事实，是无法改变和管理的。能够管理的是每天的热量摄入、每天保持运动等具体的活动，而不是结果。

第二类：销售活动指标

上文谈到了业务结果指标无法被直接管理，仔细分析之后，我们会发现有一类指标非常容易被管理，那就是销售活动指标。销售活动指标顾名思义，就是反映销售和销售管理活动的指标，比如下面的指标：

- 每个销售人员每周拜访客户的数量。
- 每个销售人员每天开发客户的数量。
- 每周的销售培训时间安排。

- 每个销售人员负责客户的数量。
- 每个销售经理管理的销售人员数量。
- 每周销售计划的完成情况。

这些指标就是销售团队每周的销售及管理活动，是可以被管理者直接管理的。

第三类：销售管控指标

业务结果指标是最终的财务数据。销售活动指标是销售团队每日的活动数据，属于业务数据。业务结果指标不能被直接管理，销售活动指标可以被直接管理，因此需要做的是在业务结果指标和销售活动指标之间建立起关联关系，最终实现通过管理销售活动指标来影响业务结果指标。销售管控指标用来确保销售活动与所要达到的业务结果方向一致。销售管控指标包含以下指标。

- 新客户签约数量和金额。
- 老客户续约率。
- 区域市场的份额。
- 销售新人的培养时间。

销售管控指标看上去比业务结果指标更容易影响，但又不像打电话、拜访客户、完成销售计划等具体的销售活动那样直接被管理。

销售活动指标可以被管理，管理人员可以根据自己的意愿改变销售活动指标；销售管控指标可以通过管理具体的销售活动来影响；业务结果指标完全无法被管理，但是结果取决于是否达成某些具体的销售管控指标。

接下来以某企业为例，来解释这三类指标包含的具体内容见表20-1。

表20-1　销售指标

指标类型	指标名称
业务结果指标	销售收入
销售管控指标	老客户续约率 新客户签单个数和金额
销售活动指标	每月新机会的开发数量 每月新客户的拜访数量 大客户回访率 解决方案的沟通率

销售收入是衡量当年度是否完成的核心业务结果指标。销售收入的完成，取决于当年度销售团队可以签多少单子，又分为老单的续约和新签单，因此老单的续约率和新客户签单金额是非常重要的销售管控指标。只要这两个销售管控指标能完成，最终的销售收入就是有保证的。

为了确保老客户续约率指标的完成，需要有两个主要的销售活动指标来支撑：大客户的回访率和解决方案的沟通率。只要这两个指标完成了，老客户的续约率不会差。这两个销售活动指标是可以直接要求销售人员完成的。

新客户签单个数和金额这个指标，可以通过管理销售人员新机会的开发数量和新客户的拜访数量这两个销售活动指标来影响。例如，每周开发 5 个新机会、每周拜访 5 个新客户，只要能完成，新签单就是有保证的。

通过管理销售活动指标，达成销售管控指标；通过销售管控指标的达成，来实现业务结果指标。这就是 3 个指标的逻辑关系。上面的案例是简化过的，实际情况会比这复杂。

对销售总裁来说，建立起数字化的指标体系模型，打通业务数据（销售活动指标）和财务数据（业务结果指标）之间的通路和实现路径，就可以很好地通过数据实现公司的精细化管理。

搭建人才培养体系，建立人才梯队

人才培养的重要性

战略规划好了，从战略到执行的路径打通了，绩效衡量指标也确定了，接下来就是具体执行。再好的战略都需要人来执行。

很多管理者有过这样的经历：一个工作任务安排下去之后，最后的结果不尽如人意，仔细分析就会发现是人员执行力的问题。员工在组织里是否具有执行力，主要取决于能力和动力。

动力是指愿不愿意做、喜不喜欢做，是否有动力把这份工作做好。动力问题更多的是通过招聘识别、激励措施等来实现的。

能力是指会不会做，是否有能力做好。很多时候员工执行不到位，其实不是动力和态度的问题，需要对员工进行培养和辅导。

很多时候，销售总裁总是寄希望于招聘到更好的员工，希望借助"明星员工"的力量来推动业务，但慢慢地就会发现只依赖于"明星员工"是有问题的：明星员工不好招聘，明星员工解决不了所有的问题。需要考虑的是如何让普通员工做出不普通的业绩，并且随着企业的发展，还能不断地成长和进步。

销售总裁需要搭建整个公司的人才培养体系，确保新员工进来之后能够得到及时的培训和训练，能够随着企业的发展而成长，并最终为企业源源不断地培养人才。

精准培养：因人而异，因材施教

谈到人才培养，需要提到一个理念，那就是精准培养，华杉老师讲过一个儒家思想的观点——"因病发药"，我认为可以很好地诠释精准培养的理念。下面先来看几段对话。

孟懿子问孝。子曰："无违。"樊迟御，子告之曰："孟孙问孝于我，我对曰：'无违。'"樊迟曰："何谓也？"子曰："生，事之以礼，死，葬之以礼，祭之以礼。"

孟武伯问孝，子曰："父母，唯其疾之忧。"

子游问孝，子曰："今之孝者，是谓能养。至于犬马，皆能有养。不敬，何以别乎？"

子夏问孝，子曰："色难。有事，弟子服其劳；有酒食，先生馔，曾是以为孝乎？"

这是《论语》中的一段对话。孔子的弟子问老师，什么是孝顺。4 个人问，得到了 4 个不同的答案。

孟懿子问老师什么是孝？孔子回答"无违，生，事之以礼，死，葬之以礼，祭之以礼"。孔子之所以这么回答是因为鲁国大夫孟懿子以及鲁国的上层统治者经常不注意礼节，葬礼、祭礼经常僭越，有时使用鲁国国君之礼，有时使用周天子之礼，经常违背祖先的制度。因此，孔子告诉他说，孝就是无违，不要做违反礼节的事情，是什么身份就用什么礼节。

这样违背祖先的制度就是不孝，就是乱政，鲁国之乱也由此而起。张居正有一句话，叫"僭越其礼者，必觊觎其位"，就是不该用天子之礼的，用天子之礼，他心里就想当天子。

孟武伯问孝，得到的答案是"唯其疾之忧"，通俗点说就是除了生病的时候，其他时候不要让父母替你操心，结婚不用、买房子不用、找工作不用。孟武伯是孟懿子的儿子，年轻人，老是不让父母省心。因此，孔子告诉他，孝就是不要让父母操心。

我们发现孔子并没有对"孝"下一个定义、给一个标准答案。不同的人请教的时候，他给的答案也是不一样的。这其实就是儒家思想的一个很重要核心：因病发药，是什么病就吃什么药。

儒家思想的因病发药其实就是精准培养需要秉持的核心理念，整个《论语》就是一门如何进行更好的学习的学问。

精准培养的核心指导思想就是：**因人而异、因材施教。**

因人而异是指每个人都是不同的，在企业中还需要考虑不同的岗位，不同的岗位培养的目标也是不一样的。因材施教是指根据不同的岗位、不同的人员，给予不同的培养。

需要特别说明的是，企业对人员的培养，一定要和目标关联起来。企业未来3年的中长期目标是什么？相匹配的个人未来3年要实现的目标是什么？为了达到这个目标，个人需要在哪些方面获得成长？然后有针对性地进行培训、训练，这才是真的精准培养。因此，人员精准培养的前提是人员的精准定位。

大客户开发难度是很大的，方向定下来之后，对销售团队进行盘点，大致分为以下两类。

一是具备大客户的开发和跟进能力，这类人员往往不喜欢做内部流程、协调类的工作。

二是不具备大客户的开发和跟进能力，但善于维护和服务老客户，对公司内部流程很熟悉。

为了提高大客户的开发效率，需要对销售人员进行重新定

位，明确每个销售人员未来的工作方向，有的专注大客户的开
发和跟进，内部的流程和老客户维护工作交给其他人来做，形
成团队组合；有的专注老客户的维护和续约，不再承担新客户
的开发工作。

不同的人员有不同的定位、有不同的目标，做好岗位工作
所需要的能力自然不同。这个时候安排人员的培训和训练就应
该有所区别。

精准培养的方法和流程

经过 10 多年的实践，我总结了精准培养流程，如图 20-3
所示。

图 20-3　精准培养流程

1. 能力评估

既然是人员的精准培养，首先需要做的就是人员的盘点，
即人员的能力评估。通过人员能力评估，可以明确两件事情：
第一，把合适的人放在合适的位置上；第二，明确培养的起
点，制定培养的目标。

对人员的评估主要从如下 3 个方面来进行。

1）**成长性**。人员的基本素质如何？未来是否可以跟随公

司取得长远的发展，承担更大的责任？从 TASK 模型的角度来说，主要是考察思想、规律和理念、心态、特质这两个方面。这两个方面更多的要通过人员招聘、筛选和激励来实现，很难在短时间内通过培训和训练的方式来提高。

对人员成长性进行评估的时候，一方面要借助外部的测评工具，对人员的特质、思维方式等进行测评。外部测评的优势在于它是借助工具进行的，根据答案计算出来的，不存在人情的干扰，相对比较客观；缺点是结论比较泛泛，针对性不强，没有与企业的实际场景相结合。

除了外部测评之外，对人员成长性的测评，还应该参考企业的实际指标。例如，测评销售人员成长性的时候，有一个维度是敬业度。员工是否敬业，很大程度上决定了员工是否可以在企业取得长远的发展。敬业度一定是与具体的企业和岗位相关联的，因此通过外部测评是无法实现的，需要从实际的业务中提取相关的指标。销售人员敬业度指标见表 20-2。

表 20-2　销售人员敬业度指标

指标名称	标准
每月开发客户量	× ×
每月拜访客户量	× ×
加班时长	× ×

表 20-2 是对销售人员敬业度指标的举例，不同岗位对敬业度的要求是不一样的，指标也不一样。这是活动指标，员工要

想做就一定可以做到，与能力的相关性不大。因为考察的是员工是否愿意付出努力做好这份工作，而不是他的能力是否可以胜任这份工作。

具体的关于成长性指标，不同行业、不同企业、不同岗位，要求都不一样，销售总裁需要根据企业的实际情况来设计评估指标。

2）**技能评估**。技能就是员工完成岗位工作需要具备的能力。谈到技能很多人会想到沟通能力、表达能力、演讲能力等。这些都是职场必备的能力，但都是泛泛的能力，不具有针对性。需要根据岗位要求，进行技能拆解，分解出岗位所需要的具体技能，以销售为例，销售人员所需要的能力如下。

- 客户分析、制定赢单策略的能力。
- 开发新客户、寻找新机会的能力。
- 撰写方案的能力。
- 挖掘客户需求的能力。
- 方案演示的能力。
- 服务客户的能力。

这是销售人员需要具备的能力，不同的岗位需要员工具备的能力是不同的，最重要的是建立岗位能力评估模型，然后加以评估。

技能与知识最大的区别在于技能是无法单纯通过书本学习掌握的，技能需要在实践中逐步掌握。因此对技能的评估，很

大程度上要依赖业务数据，如销售流程中各个阶段的转化率
（代表着销售人员能力）等。

除了定量的数据，也可以有一些定性的打分，分为上级领
导评分和自我评价。定性和定量相结合，就能相对准确地对人
员能力进行评估。

3）**知识评估。**为了胜任岗位，销售人员需要具备哪些知
识？知识指的是陈述性的知识，对这部分知识来说，背熟记牢
就可以了。所有销售人员进入一个公司的时候，第一件事情就
是学习知识，主要包括公司知识、产品知识、客户的行业知识。

其中客户的行业知识是最重要的。客户的行业知识是指客
户是如何使用你的产品和服务来解决业务问题的。销售人员是
帮助客户解决问题的。既然要帮助客户解决问题，那就需要对
客户有深入的了解。

对于知识的评估，相对比较容易，常用的方式有两种：一
是出题考试，二是让销售人员上台讲。如果销售人员能在台上
讲 30 分钟，他到了客户那儿就能讲 2 个小时。

2. 制定目标

对人员进行能力评估之后，接下来就需要制定培养目标。
能力评估能够了解员工的能力现状，目标是明确对员工能力的
期望，找到目标和现状的差距，就是员工需要提升的部分。销
售人员能力提升计划表见表 20-3。

表 20-3　销售人员能力提升计划表

维度	细分内容	能力现状	提升目标	提升方法和措施
技能	技能 1			
	技能 2			
	技能 3			
	技能 N			
知识	知识点 1			
	知识点 2			
	知识点 3			
	知识点 N			

在制定能力提升目标的时候，有以下几个需要注意的方面。

1）**准确定位**。每个员工都有自己不同的定位，能力提升必须与自己的定位相结合，销售人员的定位如果是"猎人"，就应该重点提高开发新机会、商务跟进等相关能力；销售人员的定位如果是"农民"，就应该聚焦在维护客户、服务客户等方面。

2）**聚焦重点**。每一个职位、每一位员工需要提升的能力都有很多，但能力的提升是需要过程的，无法在短时间内全部获得大幅度的提高。在某一个时间段，需要重点聚焦 2~3 个能力的提升。这 2~3 个能力的选择，一方面要考虑岗位的要求，就是做好本职工作所需要的关键能力；另一方面要考虑个人的实际情况，就是能力评估结果。一定要选择那些能力提高之后，可以大幅度提高工作绩效的能力。

3）**各个击破**。能力选择之后，需要制订详细的提升计划，各个击破。罗马不是一天建成的，需要制订详细的计划，不断地学习、训练、形成上级领导对员工的辅导机制，日日坚持，就一定能滴水穿石。

4）**配合节奏**。配合节奏主要包含两层意思：第一层是人员进入公司的节奏，新销售人员进入公司之后，刚开始要学习公司知识、产品知识、行业知识，技能方面主要是做新客户的开发工作，因此培训和训练计划就要聚焦在这两个方面，维护和服务客户的能力可以在进入公司的第二年再专注训练；第二层意思是很多行业是有周期性的，对销售人员的培训和训练要与业务节奏配合起来，才能达到事半功倍的效果。

3. 培养计划

培养目标明确之后，需要制订详细的培养计划。整体上培养计划分为三个层面：公司层面、部门层面、个人层面。

公司层面针对整个团队的共性进行培训和训练。以销售人员为例，1年期以内的新人、1~3年期的销售人员、3年期以上的销售人员，他们进入公司的时间和阶段相同，能力的提升也有很多共性部分，从公司的层面，就可以有针对性地安排相关的培训和训练。

除了公司层面之外，部门层面也需要按照部门的目标、人

员能力评估现状，制订部门培养计划，同时部门负责人需要帮
助每一位员工制订个人发展计划，因为最终个人能力的提升得
靠员工自己去努力学习、实践，才有可能。

　　不管是公司层面还是部门层面，对员工的培养都需要遵循
一定的流程和方法，在 10 多年的人员管理和培养的过程中，
我总结了人员培养的方法论。人员培养如图 20-4 所示。

图 20-4　人员培养

　　1）培。培就是传统的培训，老师讲，学生听。对陈述性
知识，主要就是通过培训的方式传递给员工；员工理解之后，
记住并且确保能讲述给客户，相对来说比较简单。

　　对技能，在训练和实践之前需要通过课堂培训的方式，把
相关的方法和关键点传递给员工。尽管员工不可能只接受培训
就掌握技能，但是课堂培训是未来训练和实践的起点。

　　除了传授知识之外，销售总裁和各级管理者经常会在会
议或者专门的培训课堂上，通过演讲的方式传达相关的工作理
念、公司的愿景、未来的发展方向等。这类会议的目的是统一
思想，确保所有人都能理解公司的战略规划，这也属于培训的
范畴。

2）**演**。练就是提前练习、情景演练。针对技能，在员工正式进入工作岗位实战之前，需要通过提前演练的方式，确保员工已经完全掌握该技能，就像学生上完课回家做练习题一样。演练需要按照示范、纠错、练习、强化等步骤来进行。

首先，老师需要根据训练内容，分解销售行为和动作，然后根据分解的动作，依次向学员做出示范。示范可以让学员有更加感性的认知，为模仿做好准备。

其次，学员开始练习，老师观察学员的每个销售动作，及时发现问题，并结合问题分析原因、示范要领。

再次，员工的自我练习，3个同事一组：1人扮演客户、1人扮演销售人员、1人扮演观察者，至少练习三次，要确保每个人每个角色至少扮演一次。练习结束之后，3个人从不同的角度进行总结，并提出改进意见。

最后，当学员已经可以熟练运用掌握的技巧之后，可以增加训练的难度。例如，客户故意提刁钻的问题，故意刁难销售人员，让销售人员提前适应未来的环境。对于技能，必须确保练习的次数足够多，才有可能在实战中表现良好。

3）**训**。训是指在实战中训练，上级辅导。培训和演练的目的都是实战，确保员工能在实际工作岗位上表现优异。理想的状态是员工通过演练已经完全掌握该技能。但理想终归是理想，演练场景是无法完全覆盖真实的工作场景的。

在实际工作场景中，可能会出现在演练中没有碰到的情况，再加上员工的理解和举一反三能力的差异，因此在实战过程中，上级领导要及时针对员工出现的问题进行辅导，帮助员工更快地成长。

为什么销售经理和销售总监需要经常陪同销售人员拜访客户？一方面是为了始终了解一线业务，确保对市场保持敏感，为销售策略的制定提供依据；另一方面是在陪同拜访的过程中，可以及时发现销售人员的问题，从而在陪访结束后，可以进行一对一的个性化辅导。

4）考。考就是考核、评估。考核主要考虑两大部分。一部分是培训、演练的成绩，可以通过考试的方式来考核相关的知识点；通过让销售人员上台演示和分享的方式，考察员工对技能和知识的掌握程度；对演练的考核，也可以制定相关的评分标准，由老师和上级领导进行打分；考试需要制定相应达标分数，如 80 分，要确保每一个员工都达标。

另一部分是结果考核，因为所有的技能只有体现在工作成绩上才有效。如果一个员工在考核的时候表现很好，但是实际工作结果不理想，一定是在某个环节出了问题，需要特别关注。

5）赛。赛就是通过技能竞赛的方式，鼓励员工提升能力。企业内部的培训、训练需要考核，为了鼓励大家的积极性，可以通过举办技能竞赛的方式来进行考核。一方面，技能竞赛本身就是考核的一部分；另一方面，通过比赛，让员工之间形成良性竞争，有利于提高能力。

例如，公司和产品介绍。销售人员经常需要向客户介绍公司和产品，可以集合公司的力量写出介绍稿，让销售人员背会，并且通过训练的方式让销售人员进行讲解，也可以举办公司和产品介绍的演讲比赛，并且设定相应的奖励，通过比赛和奖励的方式调动大家的积极性，促使员工提高这方面的能力。

6）讲。讲就是输出、分享、做兼职讲师。鼓励员工输出。输出多少，就是理解了多少。这是费曼学习法在员工培养中的应用。

费曼学习法来源于诺贝尔物理奖获得者理查德·费曼（Richard Feynman），它的核心就是复述，如果员工能用通俗易懂的语言把知识点讲清楚，还能让别人听懂，就会更深刻地理解和掌握。

美国学者、著名的学习专家爱德加·戴尔（Edgar Dale）1946 年首先发现并提出一个学习金字塔，把学习分为以下两大类。

第一类是被动学习，就是单纯地输入性质的学习，包括听讲、阅读、视听、演示。研究表明，采用被动学习的方式，两周之后，学习的内容只能保留 5%~30%，即便是采用观察演示和示范的方式，也只能保留 30%。

第二类是主动学习，就是主动输出式的学习，包括讨论、实践、传授给他人等。研究表明，采用主动输出的方式学习，两周之后，学习的内容能保留 50%~90%，尤其是传授给他人，可以保留 90%。传授给他人，就是用的费曼学习法。学习金字塔如图 20-5 所示。

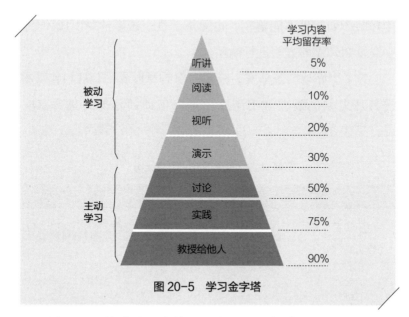

学习内容
平均留存率

被动
学习

听讲 —————— 5%

阅读 —————— 10%

视听 —————— 20%

演示 —————— 30%

主动
学习

讨论 —————— 50%

实践 —————— 75%

教授给他人 —————— 90%

图 20-5　学习金字塔

因此，要鼓励员工多输出，在公司内部建立输出文化，可以建立兼职讲师机制，鼓励大家多输出，付出多少就会收获多少。

7）奖。奖就是奖励。有比赛、有考核，就应该配套相应的奖励机制。奖励可以对员工本人起到鼓舞作用，让员工有成就感，就有更大的可能在未来做得更好。

奖励的方式除了金钱之外，更多的是要体现仪式感。在全体员工大会上安排正式的颁奖，可以让员工记住自己的高光时刻，起到更长久的激励作用。

4. 监督落实

能力评估、制定目标、培养计划，最后应该是监督落实，再好的计划如果不能落实，也无济于事。做事情要形成闭环，要按照 PDCA 的方式进行循环。

为了更好地监督落实，公司内部需要形成一套机制，以周或者月为单位跟进落实情况，可以借助销售能力提升落实表，见表 20-4。

表 20-4　销售能力提升落实表

我的状态 / 周 计划完成百分比	我希望聚焦提升的能力		
	能力和行为	能力和行为	能力和行为
初始状态			
第一周			
第二周			
第三周			
第四周			
新状态			

　　部门以周为单位、公司以月为单位形成监督落实机制，跟进的时间不适宜太短。这样会给员工造成很大的负担，但也不能太长，太长容易松懈，达不到能力提升的效果。

　　随着移动互联网的发展，培训和学习逐步呈现出碎片化和线上化的趋势。在企业的培训实践中，需要将线上学习和线下培训结合起来。

　　除了销售战法，企业的产品培训和行业知识培训都可以视频化、线上化。这样员工就可以在线学习，也可以根据自己的需求进行检索学习。

　　线上与线下相结合，并不是简单地把一部分学习计划和内容搬到线上就行了，而是要真正地实现线上与线下相融合，如图 20-6 所示。

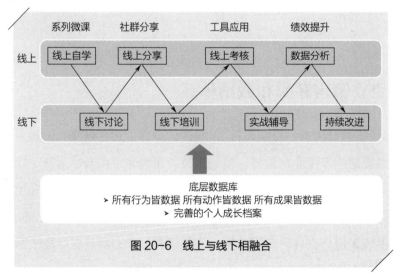

图 20-6　线上与线下相融合

销售人员通过线上自学，学习完成之后，通过线下讨论的方式对所学内容进行交流，或者线下培训，然后销售人员再将自己的学习心得发到线上。

除了可以进行线上学习、分享之外，还可以进行线上考试，甚至把考试做成游戏的样子，让销售人员"打怪升级"，通过认证增加学习的乐趣。企业针对所有员工的考试、学习数据进行线上数据的分析，得出可以用于指导线下培训和实战辅导的结论，从而实现持续改进和提升。

这样我可以实现从线上到线下、再到线上的闭环学习，所有的学习数据都会沉淀下来。企业就能凭此建立每一个人的成长档案，一个员工从入职逐步成长为公司的骨干，过程都会被记录下来。个人成长档案在未来员工晋升、培养的时候会有很大的作用。

建立销售薪酬和激励体系

"兵马未动，粮草先行"，同样的道理，销售薪酬和激励对销售组织来说非常重要。销售人员的薪酬通常由基本工资、销售提成、销售奖励、股票期权和其他福利组成。公司具体采用什么样的薪酬结构是由公司的业务模式和销售策略来确定的。不管采用什么样的薪酬结构，目的只有一个，就是更好地激励销售人员积极工作，帮助公司实现销售目标。

基本工资

销售人员的基本工资，通常是由销售人员岗位级别、工作经验、工作地点、所属行业等因素综合决定的。销售周期长、B2B 销售模式，往往采用高底薪、低提成的方式；销售周期短、B2C 的销售模式，适合采用低底薪、高提成的方式。

基本工资往往会随着销售人员的工龄、承担的业绩任务发生变化，工龄越长、承担的业绩任务越重，基本工资越高。基本工资的 60%~80% 属于无责任底薪，很多公司会设置 20% 左右的绩效工资。在这里需要特别说明的是，对于绩效工资的考核，大部分公司采用的是结果指标，这是片面的，应该考核过程指标，如销售人员的客户开发、拜访等，因为只有把销售过程管理好了，业绩才能实现。

销售提成

销售提成就是我们常说的佣金。公司根据销售人员业绩的完成情况，按照一定的比例计算提成。销售提成可以很好地激发销售人员工作的积极性。

不同的业务模式，销售提成的依据不一样。有些公司是用销售额计算，有些公司是用销售利润计算。采用哪种方式并没有对错之分，还是要根据实际的业务模式、销售目标、销售额、销售周期、产品类型、公司利润等因素综合考虑。

销售人员的基本工资一般会随着工作时间和销售任务的增

长，呈现逐年上升的趋势，销售提成在具体的公司也会相对确定，一般 2~3 年不会发生大的改变，除非业务发生了很大的变化。公司每年会根据销售策略做出业务调整，为了引导销售人员做出公司想要的行为，就需要进行单独奖励。因此，除了销售提成之外，公司还需要设置销售奖励。

销售奖励

根据销售人员的业绩排名，设立销售冠军、亚军、季军，并给予奖励；为了鼓励新签单，可以设置新签单奖励；为了表彰重大项目的突破，可以设立专门的奖励。总之，公司希望员工做出什么样的结果，就可以通过什么奖励来引导员工。

销售奖励可以是现金，也可以是团队旅游奖。很多外企会设置总裁俱乐部，年底组织完成任务的销售人员去旅游，公司总裁亲自带队、全程安排，规格很高，为销售人员创造很好的体验感和荣誉感，从而激励销售人员继续奋斗。

销售奖励的好处在于可以按照季度、年度来进行调整，不会引起销售人员的抵触。因为这是特殊的奖励，销售人员不会认为是自己应得的。对于公司来说，销售奖励的获得者永远是少数，但是激励了大多数人，是非常好的激励手段。

股票期权

一些公司会给销售人员发放股票期权作为激励措施。销售人员可以按照公司规定的时间和条件获得公司股票。很多创业公司会设立期权池，奖励给为公司做出贡献的销售人员和其他岗位的员工，但是相对来说，大公司或者国企基本上不会发放股票期权。这是由企业的性质和所处发展阶段决定的。

其他福利

一些公司还会为销售人员提供其他福利，如免费住宿、交通津贴、医疗保险、住房补贴等。这部分福利往往是全体人员的福利，不仅仅是针对销售人员。公司有不同的风格，有些公司愿意把钱花在住房补贴上，有些公司喜欢把钱花在医疗补充保险上，各有偏重。福利和津贴可以保证销售人员的基本生活质量，提高销售人员的幸福指数，降低销售人员的离职率。

每家公司销售人员的薪酬和激励计划各不相同，但都需要依据自己的业务模式和销售策略来制定。销售薪酬和激励计划，是为了更好地提升销售人员的战斗力，从而实现战略目标，而不是为了激励而激励。

建立 CRM 系统，提高销售管理体系的运营效率

销售总裁最重要的工作是打造销售组织的执行力，提升销售组织的效率和效能。销售组织的核心能力如图 20-7 所示。

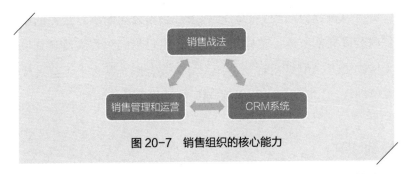

图 20-7　销售组织的核心能力

　　销售战法指的是面向客户的销售方法以及根据销售策略和业务节奏确定的销售方法。销售管理和运营是基于销售战法的管理和运营服务体系。公司为了更好地落地销售战法和销售管理及运营，需要一套客户分析和决策系统——CRM 系统，公司到了一定规模之后这是必不可少的工具。

　　CRM 系统主要实现如下功能：

　　1）**客户信息管理。**CRM 系统能够收集和存储客户信息，包括联系信息、交易历史、客户反馈等。这些信息可以帮助公司了解客户需求，确定理想客户画像，从而更好地指导销售人员识别出高价值的客户和潜在的销售机会，实现精准开发。

　　2）**销售过程管理。**CRM 系统能够记录销售人员的过程动作，如开发、拜访等，实现销售漏斗管理，跟踪整个销售流程，掌握潜在客户、销售信息、销售机会、签单等不同的销售阶段的信息，从而帮助公司和销售管理者了解销售过程、预测销售收入、优化销售流程。

　　3）**数据分析和报告。**CRM 系统能够生成各种数据报告，包括客户分析、销售分析、市场趋势分析等。这些报告可以帮助公司了解业务状况，识别问题和机会，为各级管理者制定策略提供决策依据。

4）**客户服务和支持。**CRM 系统能够提供客户服务和支持，包括在线客服、客户反馈、投诉处理等。这些服务可以帮助公司提高客户满意度，增强客户忠诚度。

5）**销售知识库和学习平台。**CRM 系统能够提供销售知识库，是一个专门的销售学习平台。销售人员可以在系统上学习视频课程、分享学习心得等，从而帮助销售人员提高能力，提升业绩。

建立一个 CRM 系统需要考虑很多方面，包括系统设计、数据隐私、安全性等。从业务的角度来说，CRM 系统是为了提升业务效率，而不是为了管理而管理，因此建立 CRM 系统需要考虑以下几个方面：

1）**业务流程。**CRM 系统的建立应该基于企业的业务流程和销售流程，即 CRM 系统应该能够支持企业的业务流程和销售流程，提高销售效率和业绩。例如，如果企业的销售流程包括潜在客户开发、销售机会跟踪和销售成交等环节，那么 CRM 系统应该能够支持这些环节的管理和跟踪。

2）**销售管理。**CRM 系统是为了更好地进行销售管理，是销售管理和运营落地的工具。因此，CRM 系统的功能设计要满足销售管理和运营的需要。

3）**销售人员的助手。**以往的 CRM 系统都是基于公司角度出发设计的，是为了更好地实现管理目的。公司刚上 CRM 系统的时候，销售人员都不爱使用，因为没有销售人员喜欢被管理。未来 CRM 系统应该成为销售人员的助手，帮助销售人员做得更好。例如，销售知识库、在线学习，以及基于 AI 技术的销售指导和训练，随着人工智能技术的飞速发展，一定会成为现实。

4）**技术支持。**CRM 系统的建立需要技术支持，包括系统架构、数据管理、功能开发等方面的技术支持。因此，CRM 系统的建立需要考虑企业现有的技术体系和技术能力，以及未来的技术发展方向。

CRM 系统的建立需要考虑的因素很多，是因为 CRM 系统是为了更好地支持企业战略目标的实现，系统只是工具，战略实现才是目的。

图和表索引

参考文献

［1］付遥.输赢：上下册［M］.北京：北京大学出版社，2006.

［2］黑曼，桑切兹，图勒加.新概念营销［M］.官阳，译.北京：中央编译出版社，2006.

［3］黑曼，桑切兹，图勒加.新战略营销［M］.齐仲里，姚晓冬，王富滨，译.北京：中央编译出版社，2008.

［4］崔建中.价值型销售［M］.北京：北京时代华文书局，2018.

［5］查兰，德罗特.领导梯队：全面打造领导力驱动型公司［M］.林嵩，译.北京：机械工业出版社，2016.

［6］乔丹，法森那.99%的销售指标都用错了：破解销售管理的密码［M］.毛雪梅，译.北京：中国人民大学出版社，2016.

［7］华杉.华杉讲透《论语》［M］.南京：江苏文艺出版社，2016.

［8］夏凯.企培智胜：专为企业培训人定制的销售宝典［M］.北京：电子工业出版社，2022.